もっと！

世界は
ほしいモノに
あふれてる

～バイヤーが教える極上の旅～

監修・協力：**NHK**「世界はほしいモノにあふれてる」制作班

KADOKAWA

CONTENTS

佐藤香菜さんと行く
本物のキレイを探す旅
ニュージーランド・パリ・リトアニア・エストニア│62

CONTENTS

大原真樹さんと行く

魅惑の
モロッコ雑貨
の旅

旅するバイヤーはモロッコ雑貨ブランドを立ち上げて14年の大原真樹さん。マラケシュを拠点に、果ては砂漠の陶器の街まで足をのばし、モロッコの民芸品をおしゃれなアイテムに変えてきた。大原さんが真っ先に向かうのはマラケシュのスークだ。

Mission of Buying
モロッコの民芸品を
おしゃれなアイテムに変身させる

人も色もみんな濃い

　エキゾチックな雰囲気、ビビッドな色使い、今、注目のモロッコ雑貨。旅するバイヤーはモロッコ雑貨ブランドの代表、大原真樹さん。2006年に「ファティマ モロッコ」を立ち上げて以来、2か月に一度はモロッコを訪れ、モロッコの民芸品をかわいくておしゃれなアイテムに変身させてきた。
　「実家に帰るよりモロッコに来ている。濃いんですよね。人のキャラクターも濃いし、モノの力強さも濃いし、色も濃いし、パワーがある。それにすごく惹かれますね」
　2019年秋、大原さんはモロッコ渡航100回を果たし、モロッコの全地域を制覇する。
　「海との境、国との境に必ず何か違うものがあるんです。モロッコの中でも違う文化がある。それが知りたくて出かけていく」

旅の始まりはマラケシュから

　旅の始まりはベルベル語で「神の国」と呼ばれる街、マラケシュから。古くから、アラブ、アフリカ、ヨーロッパをつなぐ交易の要所として栄えてきた。城壁に囲まれた旧市街は世界遺産にも登録され、建物の色からピンクシティとも呼ばれている。
　「昔は東京からパリへ飛んでパリで一泊して、パリからカサブランカに。そこから車で拠点のあるマラケシュまで250キロ、3時間かけて往復していました。エールフランスでパリ～マラケシュ便の運航が始まり、陸路の3時間が短縮されて便利になりました」
　街の中心、ジャマ・エル・フナ広場は昼も夜も活気がある。
　「ヘビを巻いて運気をあげる、なんてこともできますよ」
　ランドマークのクトゥビア（モスク）に沈む夕日も美しい。そんな街で、大原さんが真っ先に向かうのが、旧市街のスーク（市場）の取引先だ。

現地スタッフの
ヌハさんこと南奈保子さん

海との境、国との境に
必ず何か違うものがある。
それが知りたくて出かけていく。

モロッコ *Kingdom of Morocco*

アフリカ大陸の北西に位置し、北はジブラルタル海峡と地中海、西は大西洋に面し、東はアルジェリア、南は西サハラに隣接する。4,000m級のアトラス山脈があり南部は砂漠となる。国土は日本の約1.2倍。人口は3,603万人。首都はラバト。民族はアラブ人（65％）とベルベル人（30％）で公用語はアラビア語とベルベル語。1912〜1956年までフランス保護領だったため、フランス語も通じる。宗教はイスラム教スンニ派がほとんど。マラケシュ、エッサウィラ、フェズ、ティトワンのメディナ（旧市街）など世界遺産は9か所。海岸沿いは温暖な気候だが、内陸部は寒暖差が激しい。また、イスラムの宗教行事、年に一度のラマダン（断食月）は、日の出から日没まで食事をしない。イスラム教の重要な祝日、犠牲祭ではみな田舎に帰り、家族で過ごす。日本からは中東、もしくはヨーロッパ経由。時差はマイナス8時間。

PORTUGAL

SPAIN

Strait of Gibraltar

Atlantic Ocean

ラバト　フェズ

カサブランカ

MOROCCO
モロッコ

エッサウィラ　マラケシュ
アイトゥーリル
スコーラ　ケラアムグナ
ザゴラ
タムグルート

ALGERIA

（西サハラ）

MAURITANIA

マラケシュ *Marrakech*

モロッコの楽園と言われる南部のオアシス都市。旧市街の中心にあるジャマ・エル・フナ広場では、赤い衣装の水売りが目をひく。ランドマークは高さ70mもあるクトウビアの塔、貯水池に浮かぶ離宮のメナラ、マジョレル庭園、マドラサ・ベン・ユーセフ神学校、イヴ・サンローランの墓と美術館など見所がいっぱい。

カサブランカ *Casablanca*

モロッコ経済の中心地。高級ホテルや高層建築、国内最大で全長200mもの高さのミナレットが建つモスク "ハッサン2世モスク" がある。

フェズ *Fez*

モロッコの思想、宗教、芸術文化の中心地。伝統工芸の街でもあり、日本で言う京都に近い。世界遺産に選定された世界最大の迷路フェズ・エル・バリがある。

アイトゥーリル *Ait Ourir*

マラケシュ郊外にあり週1回青空スークが開かれている。カゴの材料の椰子の産地でもある。

スコーラ *Skoura*

アトラス山脈の峠を越えたところにあるオアシスの街。

ザゴラ *Zagora*

サハラの玄関口ザゴラ砂漠にある街。ラクダに乗ってデザートキャンプが楽しめる。

タムグルート *Tamegroute*

サハラ砂漠の入り口にある1000年の歴史を持つ陶器作りの街。

ケラアムグナ
（バラの谷）
Kalaat M'Gouna

5月の最初の2週間にしか咲かない、ダマスクローズの聖地。

エッサウィラ *Essaouira*

大西洋に面し城壁に守られた港町。アルガンオイルや寄木細工が有名。旧市街が世界遺産。大西洋に沈む夕日が圧巻。

Mission 1

世界最大の市場、マラケシュのスークへ

新しいものを探しにスークの取引先へ

世界最大の面積（東京ドーム50個分とも言われる）を誇るマラケシュのスーク。歴史は古く、マラケシュが都として栄えた11世紀まで遡る。迷路のように広がる路地沿いに、およそ4,000店がひしめき、アイテムごとに分かれたエリアでは、それぞれ違った雰囲気を味わえる。

「マラケシュに着いたら、まずスークで伝統工芸品のお店をぶらぶら見て歩きます。何か新しいもの出ていないかな、おっちゃん元気かなって」

車が入れないため、荷物を運ぶロバが行き来し、活気があってものんびりした雰囲気。今はアーケードになっているが、以前は雨が降ると店も人も売り物もびしょ濡れになったという。

最初に訪れるのはアハメッド・ブンマイトさんのカゴ屋。もう、十年来の付き合いになる。魅力はカゴの品揃えと人柄だ。モロッコ各地の農村で作られた様々なカゴがここに集められる。

「ブンマイトさんのところにはカゴ本体をすべてお願いしています。今の時期は展示会用のサンプルを頼んでいる。ハンドルは必ずブンマイトさんかその息子さんに。ぜったいに緩まないんです」

ここで作ったサンプルで展示会を開き、次の年の受注を受ける。だから、サンプルはとても重要なのだ。

モロッコの人は何でも自分軸で動く

「手作りなので一個一個に個体差があるんですね。彼らは自分の指がものさしなんです。こう、親指と人差し指を広げた長さを20cmとすると、一人一人その長さが違う。なんでも自分軸なんです」

最初はメジャーを持っていちいち測っていた大原さんだが、今ではもう使っていない。

「『大きさ違うじゃない？ 明日までにやっておいて』って宿題を出して、滞在中は毎日朝9時にはここにやって来ます」

そんな異文化交流も楽しめないと、モロッコではやっていけない。

今まで困難にぶつかったとき、ブンマイトさんは必ず全力で助けてくれた。そんな信頼関係が何よりも大事なのだ。

お土産を渡しにミントティーのグラス屋、バブーシュ屋、鏡屋、絨毯屋、タッセル屋、ランプ屋など、6〜7軒を回る。

「モロッコのおっちゃんたちには、胃薬が人気。目薬も誰にあげても喜ぶ。ブンマイトさんには、サロンパスを渡しました。家がみな夏仕様にできているから、冬は外にいるのと同じぐらいに家の中は寒いんですよね。だから、ホカロンやヒートテックのスパッツも喜ばれます」

スークの店主たちとはみな長い付き合い。多少のトラブルはあるのが当たり前。いま取引をしている人はみな信頼できる仕事仲間でもある。

これが同じ大きさだと彼らは言う

打ち合わせ中。めちゃくちゃ暑い

モロッコ雑貨

カゴ屋のブンマイトさんと

ブンマイトさんの息子さん。ぜったい緩まない

プフ(クッション)屋で

グラス屋で

Mission 2

モロッコの素材だけで
新しいものを生み出す

旧市街の工房で日本に合わせてアレンジする

大原さんは旧市街に工房をもっている。3階建ての
一軒家からつい最近、ワンフロアの家に引っ越した。
雑貨を加工するためのミシンの部屋、バブーシュ（伝統
的なモロッコの革製スリッパ）の検品部屋、日本人ス
タッフの部屋、在庫を管理するストック部屋の4つの
部屋がある。

工房で働く4名の女性スタッフはいずれもベテラン。
縫製や刺繍が得意で大原さんのアイデアやデザインを
形にしてくれる。貫禄すら出てきたプチサン（右の写真）
は一番長い働き手。何百というオーダーが来ても縫製
はプチサンがすべて担当する。
「彼女たちは、手先がとても器用なんです。素晴らし
い商品に仕上げてくれます」

工房で。水色の服の女性がプチサン

女性と直接仕事ができるシステムに変えた

大原さんがモロッコで仕事を始めた2006年当時は、
男性を通さないと仕事が出せなかった。当然、対価も
男性を通してしか渡せない。しかも、その男性が対価
をちゃんと女性に渡していないことも多かった。そこ
で、直接、女性と仕事ができるように女性だけのチー
ムを作ったという。
「それまで男性とはツケで仕事を発注していたんです
が、一個作ってきたら、一個の対価を払うキャッシュ
オンデリバリーにシステムを変えました」

だから、大原さんの工房は人気の職場なのだ。郊外
の村から取りまとめのおばちゃんもやって来る。村に
持ち帰り、村の女性たちに仕事を分け、できあがった
ら納品をしに来るのだ。

別棟にはバブーシュの工房がある。イスラム教の

すべてハンドメイドの
細かな作業をていねいに

女性と男性は同じ部屋では働かない

モロッコでは、男女一緒の部屋では働かない。バブーシュの革のカットや縫製は男性、刺繍などの細工は女性が担当している。こうして、オリジナルのモロッコ雑貨が作られていく。

現地の日本人スタッフはブログからスカウト

　現地の日本人スタッフのヌハさんも、モロッコでスカウトした。

「最初の一年はモロッコの男性とやっていました。どっちがいい、悪いってわけじゃなく、文化の違いがどうにもならなかった。日本人って細かすぎるでしょ。たとえば、日本で売る10個の注文が来たら10個同じクオリティじゃないと納品ができない。でも、どうしても伝わらなかった。だから、日本の市場を理解している日本人スタッフが必要だと思って、モロッコのことを書いている人をブログで探しました」

　ちょうどブログが流行りだした頃で、見つけた10人にメールを出したら、全員「やりたい」と返信が来たという。その中で文章がきちんとしていて、文の雰囲気が自分に合っているヌハさんとマラケシュで面接をすることに。

「当時、彼女は砂漠に住む主婦だったんですよ。大学を卒業してすぐにお嫁に来ちゃった。子供が2人いて離婚したかったんだけれど、日本に帰るという選択肢はなかった。なんとかモロッコで子供たちと暮らしていきたい。どうしようかと悩んでいるときに私と出会ったんです」

　子供を連れて引っ越してきて14年、マラケシュの拠点はヌハさんがスタッフとして切り盛りしている。大原さんがモロッコに行くときは、ヌハさんや子供たちへの日本食のお土産でスーツケースがいっぱいになるという。

「私が日本にいるときは、毎日電話している（笑）。私たちはいいパートナーになりました」

センスも知識も発想力も刺激になる、モロッコの友人

クリエイター憧れの的、リュドビック

マラケシュの新市街には、おしゃれなショップが集まり、ハイセンスなモロッコ雑貨と出会える。大原さんが必ず足を運ぶのがセレクトショップ 33 Rue Majorelle（トラントトロワ・リュ・マジョレ）。

マラケシュ在住のクリエイターたちはこの店に卸したくて、営業に来る。提携するクリエイターはおよそ100人。ほとんどがモロッコに魅せられたヨーロッパの人たちで、モロッコに移り住み花開いたクリエイターも多い。そのひとり、フランス人のリュドビック・プチさんは大原さんが師と仰ぐデザイナーだ。

「モロッコにいるクリエイターたちの憧れの的。本当に尊敬する人です。ふるいの網の部分を鏡にして内側にソファに使われる布をあしらったり（写真左下）、ケバブの串を燭台にしてみたり、発想がすごく

チャーミング。ほんとうにいつも目から鱗。とても刺激になります」

リュドビックさんがフランスから拠点を移したのは22年前。もともとパリでファッション業界にいた。モロッコに来て雑貨やインテリアを手掛けるようになり、今では欧米をはじめ、アジアにも輸出している。彼のアトリエ兼ショールーム Lup31（リュップ・トランティアン）もマラケシュにある。

パリのエスプリもサハラの文化も混在する

「この街は発想を刺激してくれる。異文化に対して固定観念を持ってはいけない。街を歩いているときモノに出会うと、いつも他の使い方はできないか考えている。同じモノを見ても、人によって見え方は変わるものさ」とリュドビックさん。

「彼はモロッコの伝統工芸品をおしゃれに作り変えるデザイナーの先駆者。モロッコ

リュドビックさんの鏡の作品

リュドビックさんは憧れの的

ではヨーロッパの文化もパリのエスプリもあるし、サハラのアフリカンの文化も入ってきています。ほんとに文化が混じり合っている。だから刺激的で楽しい」と大原さん。

絨毯の知識とセンスはソフィアンから

絨毯屋のソフィアンは、大原さんの一番古いモロッコの友人。ソフィアンが買いつけてきたものに絶大な信頼を置いている。

「彼のギャラリーは毎回レイアウトや内装が変わっていて、センスよくて、カッコいいんです」

モロッコの絨毯は奥が深いと大原さんは言う。今、人気があるのはベニオワレンという村で織られているラグ。ナチュラルな風合いで毛足が長いのが特長だ。

「ああ、いいなあって買ってくるのは簡単なんだけれど、お客さまにその背景もきちんと伝えてあげたい。適当なことも飛びかっているので、ソフィアンに正しい知識を教えてもらっています」

ソフィアンは絨毯屋に生まれ、絨毯屋で育つ。父親ももちろん絨毯屋だ。絨毯一筋だけにその知識は半端ない。今は英語もフランス語もイタリア語も喋れるという。

「絨毯選びは一日がかり。ホコリと毛でのども鼻も目もやられてしまうので、必ず持っていくのが、コットンのスカーフです」

絨毯は一回の仕入れで20〜30枚。大原さんは、輸入するときには必ずソフィアンのところで洗濯をしてもらい、日本に着いたらもう一度絨毯専用のクリーニングに出すという。

「ウールはどうしても虫が付きやすい。日本は湿気があるので、日本に合わせたケアをしないといけないんですね。バブーシュも臭いが気になるって方がいらっしゃるから、ケアは欠かせない。たいてい湿度の問題ですね」

ソフィアンは親友で先生

ベニオワレンの絨毯を選ぶ

ヌハさんとバブーシュ屋のおっちゃん

5年前に復活した工場

Mission 4
"伝統"という名のバブーシュと
リサイクル・グラス

失敗しても失敗しても
また行きたくなるモロッコ

「サラーム アリコム(こんにちは)」
　訪ねたのは10年来の付き合いのモロッコ伝統のバブーシュの店。
「お願いしていたサンプルは?」
「ほら、オーダー通りでしょ」
「違いますよ。柄の位置が違うでしょ。この生地高いのよ」
　日本からのオーダーは細かいので、ディテールが理解されていないことも多い。たとえば、真ん中にひし形の模様が来るように発注したのに、ひし形が途中で切れていたり(20ページ写真左下)。彼らにしてみれば「同じ」なのかもしれない。
「失敗しても失敗してもまた行きたくなっちゃう。モロッコマジックですね」

つま先が三角のバブーシュは正装用

　バブーシュには、つま先が三角のバブーシュとつま先の丸いバブーシュがある。三角のバブーシュはベルディと言って伝統的な形。発祥地はフェズ。イスラム教の信者が毎週金曜日に正装してお祈りに行くときに履くサンダルで、マラケシュでも作り手が少ない。テレビドラマに登場して爆発的にヒットしたニコちゃんマークの丸いバブーシュは、自社の工房で作っているが、モロッコ伝統のバブーシュ、ベルディはスークにあるこの店にオーダー

しなければいけない。
「最初、オリジナルでピンクやゴールドのベルディを作ってくださいと言っていたら『そんな色はやんねぇって』って全然相手にしてくれなかった(笑)」
　長く付き合うようになって、今は何でも作ってくれるようになった。
「でも、失敗しちゃう(笑)」

ガラス工場はリゾートホテルが再建した

　ミントティーを飲むのに丁度いいグラスを作っているのは、マラケシュ郊外のリゾートホテル Beldi Country Club (ベルディ・カントリー・クラブ)にあるリサイクルガラスの工場。
「ビー玉のような風合いで色もすごくかわいい。持ちやすいですしミントティーを飲むのにちょうどいい。昔から買いつけていました」
　最近はシャンパングラスも登場し、バリエーションが増えた。
　リサイクルガラス工場は70年以上の歴史を持っていたが、経営不振から廃業に追い込まれる。5年前、ホテルの敷地内に工場を復活させたのがこのホテルのオーナーのジャン・ドミニク・レマリさん。グラスの愛用者だった。
「私はこのグラスをベルディと名付けました。伝統という意味です。モロッコの伝統としてよいモノを作り続けるために引き継いだのです」

Mission 5
緑の陶器の街、タムグルート

アトラス山脈を越えて10時間の旅

4,000m級の山々が連なるアトラス山脈を越え、サハラ砂漠の入り口に位置する街、タムグルートを目指す。

「山越えの景色がいちばん好き。タムグルートまで車で10時間。すごい山道なんですけれど、地層フェチの人にはたまらない風景がそこここにあります。いろんな地層が見られるから」

以前は日帰りで買いつけていたという。対向車はロバ。出発から4時間、行きつけのカフェで一休みする。大原さんが決まって頼むのはアムルー。モロッコ特産のアルガンオイルにアーモンドとハチミツを混ぜたもので、パンにつけて食べる。飲み物はもちろんミントティー。

「ミントティーも甘いので、甘々なんですけれど、疲れがとれるというか、リフレッシュできる」

古代遺跡のような砂漠の街、タムグルート

一泊して、翌日、砂漠の街、タムグルートに到着する。古代遺跡のような建物が立ち並ぶ。ここでしかできないという緑の陶器は、独特の風合いがヨーロッパで人気を呼んでいる。以前、大原さんが原宿でモロッコカフェをやっていたときは、すべてタムグルートの緑の食器を使用していた。

「パリのコンセプトショップとかに行くと、たいてい置いてある。洗練されたものの中に、手のぬくもりのあるものって、絶対いいんだなあって思いますね。冷たい空間にならなくて」

千年前、イスラム教の聖人が教えた

この街で陶器作りが始まったのは、およそ千年前。イスラム教の聖人がその技術を伝えて以来、代々受け継がれてきたという。作業には7家族、およそ50人が携わっている。陶器を焼く窯は約400年前のものをそのまま使い、燃料は椰子の葉。作業部屋はそれぞれの家族が所有し、腰から下は穴に入り、足でろくろを回す。

「いくつぐらいから、やってるの?」
「8歳の時に父から教わりました」

モロッコ国内というよりは海外からのオーダーが多い。

大原さんがしばらく買いつけに来ていない間、ドイツの会社が最新の窯を持ってきて大量生産しようとしたが、この緑の色が出なかったという。

「この食器、和食にもすごく合うんですよ」

お目当てのものが見つかると、ここからがひと仕事。店主との値段交渉が始まる。モロッコでは価格の交渉がマスト。

買いつけるために最初に覚えたのは数字

「アーファック タマン メジィアーン（お願い）!」

大原さんは"幼稚園児レベルのアラビア語"で、買ったり頼んだり値切ったりする。マラケシュではヌハさんが通訳するが、地方での買いつけは大原さんが一人で出かけるからだ。最初に覚えたアラビア語は数字だった。

「値切るって言っても、ゲーム感覚なんですよ。最初の頃はよくわからなくて、安くできたら"勝ち"みたいな変なプライドがあったんですけれど、今は違う。お互いがwinwinになるように、いい線を探るのが楽しい。向こうも原価を切ってまでは売らないだろうから」

このくらいだったらいいだろうな、という目標金額を定めて交渉する。

「だいたい彼らは個数を聞いてきますね。何個買うの？って。1個買うのと10個買うのとでは違うので」

昔は買わないで帰ることもあったが、後悔したことが多々あった。

「買わないで後悔するよりは買って後悔したい。そのほうが、絶対、次の自分につながります」

値ごろ感というよりは、自分の思い。

「これはどういうふうに使ったらいいかな、売れるかなって。モロッコ流の自分軸なのでそれが正しいとは限らないけれど、納得できればオールオッケーです」

街自体が遺跡のよう

モロッコ雑貨

お目当ての緑の陶器

計算、得意だろ？してくれるかい

家族経営の工房

400年前の窯で焼いている

ロバのカゴは何に使う？

いい匂いがします

足を踏み入れただけでテンションあがる

買ってすぐにアレンジしてみる

果物や野菜や肉、小麦粉、砂糖を調達する

移動中に見つけたスーク

Mission 6

特徴ある青空スーク、
生活のすべてが買える移動スーク

モロッコ雑貨

変わった形のカゴが集まる青空スーク

街があれば周辺の村々から様々なものが集まるスークがどこにでもできる。マラケシュ郊外のアイトゥーリルはモロッコ有数のカゴの産地として知られ、カゴを中心にした青空スークが週に一度、開かれている。

「アイトゥーリルは男性ばっかりで外国人や女性はなかなか入りにくいスークなんです。カゴ屋のアハメッドさんに何度もお願いし、今回やっと実現しました」

かばんとして持つカゴだけじゃなく、ロバの背中に載せる変わった形のカゴや、農作物やハーブを運ぶための大きなカゴなど、いろんな形のカゴがある。

「すごいいい匂い！ 一日中いたい。テンションあがりまくり！」

買いつけが終わると大原さんは工房に直行し、早速アレンジを考える。

「このカゴは小さくて女の子が大好きな持ちやすい形なんですね。グリーンが効いているから、小さいポンポンをつけて取っ手に革をつけて……かわいくないですか」

モロッコに滞在している間中、考えては試し、そして宿題を出して帰るのがルーティンなのだ。

南部の生活には欠かせない移動スーク

ザゴラで見かけた移動スークもモロッコには欠かせない日常の風景だ。

「移動スークは、モロッコ中どこにでもあります。なぜかというと、大都市じゃないところには、固定のスークがないため、一週間に一回、スークが回ってくるんです。ここは水曜日、ここは木曜日って具合に。人々は一週間に一回、肉や野菜や小麦粉や生活にかかわるものすべてを移動スークで買います。その中に絨毯もあったり、カゴもあったり。生活が垣間見られて、とても楽しい」

大原さんは街から街への移動の途中でもスークを見つけたら、必ず停まる。そこから買いつけてきたものも多い。

「とくに南部の人たちにとっては、移動スークは欠かせないものなんです。自分たちの住んでいる村にスークが来ないから。移動スークに出かけて買いだめしなくちゃならない。肉とか魚とか大好きな砂糖、小麦粉を買ったら、ロバのカゴに載せて持って帰るんです」

Mission 7

泊まるのならば
センスの光るリヤド

Talaa12@MARRAKECH

古い邸宅をリノベーションした個性的なリヤド

　モロッコの宿泊施設といえばリヤド。
「泊まるのであれば、ぜったいリヤド。お城だったり古民家だったり、ぼろぼろの廃墟を買い取ってリノベーションしているので、どんなリヤドを造るかはオーナーのセンスしだいなんです」
　"riad"はそもそもアラビア語で「植物のある庭＝garden」。マラケシュやフェズなどの都市では「パティオのある家＝邸宅」を意味し、それらをリノベーションしてゲストハウスにしたものをリヤドと呼ぶようになった。
　タムグルートに行く途中、大原さんが一泊したのもお気に入りのリヤド Les Jardins de Skoura（レ・ジャルダン・ド・スコラ）だ。客室にはフランス人のオーナー自らが選んだモロッコ雑貨がさりげなく飾られていたり、布が効果的に使われていたり、訪れるたびにそのセンスの良さに目を奪われる。
「めちゃくちゃ素敵でしょ。数百年前の古い土壁の家をリフォームしています。スークで重ねられていたただのカゴが、組み合わせるとほんとに素敵なインテリアになる。いちいちかわいいでしょ？」

Talaa12@MARRAKECH

Riad Due@MARRAKECH

　リヤドは、もともと裕福だった家の邸宅なので、部屋数は5〜15部屋くらいの大きさのものが多く、家庭的な雰囲気だ。ただ、邸宅だっただけに車の入れない場所にあることも多く、リヤドに着くまで、迷子にならないように注意が必要だ。
「いろんなリヤドに泊まってみて、いいなと思ったところをお友達におすすめしています」

Dar Seven@MARRAKECH

Les Jardins de Skoura @ SKOURA

絶品地元メシ。
クスクス、タジン、ミントティー

家庭で作るクスクスは絶品

　モロッコの伝統的な料理といえば、クスクスとタジン鍋。クスクスは世界最小のパスタでスパイスの香ばしさと煮込んだ野菜の旨味が効いている。大原さんはモロッコに来たての頃にレストランで食べたクスクスがパサパサしていておいしいとは思えなかったという。しかし現地スタッフに「ほんとはおいしいんですよ」と言われ、職人さんたちの家を食べ歩いてみたら……。
「別物でした。味の染みた炊き込みご飯みたいにしっとりとしていて、手をかけた分だけおいしい。カゴ屋のアハメッドさんの奥さんの作るクスクスは絶品でした」

　モロッコの人々は週に一度、休みの日に母親手作りのクスクスを家族で囲む。クスクスの食べ方には流儀がある。クスクスはみんなに平等に具材が行くように放射状に野菜が並べられ、真ん中に肉がある。自分の手前から食べていって最後に肉にたどり着くようになっている。
「最初からお肉にバーンと手をつけたらダメなの。できれば誰かのお母さんやおばあさんのクスクスを食べてみて」

ドライブインの炭焼きタジンもおすすめ

　車での移動が多い大原さんのおすすめは、地元のトラックドライバーたちが立ち寄るドライブインの炭火焼きタジン。シシカバブもおいしい。
「ワイルドに肉がぶら下がっていて、その場でカットして焼いてくれる。勝手にエイジング（熟成）してますし。自分で食べたいグラム数を言って焼いてもらう

クスクスは外側から食べていくのがルール

システム。2人で肉1キロ（そのくらいペロッて食べちゃう）、サラダ食べてパン頼んで、水飲んで一人800円くらい」

"甘い"が理にかなっているミントティー

モロッコではイスラムの教えでお酒が飲めない。ベルベルウイスキーと言われるように、ミントティーはモロッコの人の嗜好品と言える。

「最初は"砂糖抜きで"とお願いしていたんですけれど、やっぱりミントティーは砂糖いっぱいの方がおいしい。ドライブインでお肉を食べるときもミントティーです。実は理にかなっていて、ミントも白いお砂糖も体を冷やすもの。日本人の私たちは温活で体を冷やすものはよくないと思っているけれど、モロッコの人たちは体を冷やしてなんぼ。自分の体の熱のとり方を知っている。郷に入れば郷に従えで、その土地に合ったものを食べるのがいいんだと思います」

スークでは、旬のザクロとオレンジのミックスといった名物のフレッシュジュースを飲んだりするが、こちらもミントティー同様、砂糖たっぷりだ。

「おしゃれなカフェもできてきているし、モロッコビールも造っているし、ワイン農園もある。ただし、公共の場やオープンなところで飲んではいけないので、バーやレストランやホテルで飲んでください」

ドライブインのタジン

豪快に肉を切ってもらう

アハメットさんの奥さんのクスクスは絶品

あまーいミントティーは定番

モロッコの仕事がしたい、人生が動き始めた瞬間

はじめてモロッコに行ったとき、いちばん衝撃を受けたのは色

私が最初にモロッコに興味を持った頃は、本当に地球儀だけで情報が何もなかったんです。1998年に「フィガロ」が初めてモロッコ特集をしてくれて、感動しましたもん。それが私のバイブル。念願かなって2000年、36歳の時にはじめてモロッコに行きました。「フィガロ」と『地球の歩き方』を持って。いちばん衝撃を受けたのは、色ですね。いろんな雑貨のカラフルな色。なんてかわいいんだろう。なんて素敵なんだろうって驚きがあって、やっと出会えたって思いました。あ、ここに来るためにいろんなことをやってきたんだなって思いました。

バイヤーになりたくてなりたくて。憧れていた職業No.1だったんです

洋服が好きで18歳で大手アパレルに就職。最初はラフォーレ原宿で販売員からスタートしました。27歳で「アダム エ ロペ 白金」の店長になりました。そこのインテリアがすべてモロッコ製だったんです。ラグやライト、アートや雑貨もみんな素敵でした。それから、お店にも出ながら32歳まで5年くらいバイヤーをやりました。

バイヤーはなりたくてなりたくて、憧れていた職業No.1だったんです。

子供の頃から世界に興味があって、20歳くらいからお金貯めて海外に出かけていたんですが、とにかくバイヤーの仕事をしたかった。

パリやミラノコレクションに一番下っ端で連れて行ってもらって。今みたいにデジカメもパソコンもないから、ポラロイドと普通のカメラで撮るんですが、持ち帰ると忘れてしまう。だから、その場でオーダーをする練習を何年もしましたね。大きなバジェットの中で、ファーストインスピレーションというか、その場で決めていくという、今につながる勉強になりました。でも、会社員でしたから自分の好きなモノばかりを買うわけにはいかない。それがとてもストレスになりました。

32歳で会社を辞めてスタイリストに。白金のお店には芸能人のお客さまも多くて、「ブラブラしてるんだったら、スタイリストのバイトしない？」って言われ、「選ぶだけだったらやる」って始めました。

最初は、コンテの見方もわからず、日々勉強でしたね。32歳から42歳までスタイリストをしていました。40歳のときに再びモロッコに行き、1か月かけて回って。本当に感動の連続でしたね。ここの国の仕事がしたいなと。人生が動き始めた瞬間ですね。

モロッコが好きすぎて、42歳のときに
自分のブランドを立ち上げて

2006年、42歳のときにファティマ モロッコという自分のブランドを立ち上げました。名前の由来の"ファティマ"は預言者ムハンマドの娘のこと。

みんなには「これからどうするつもり?」と言われましたけれど、何とも思わなかったですね。スタイリストをしていたときに、モロッコで買ってきた雑貨とかをドラマや映画にも使ってもらって、かわいいねってみんなに言われて。自分なりにアレンジしたら、もっといいモノができるんじゃないかって。もう、好きすぎて。

最初は買いつけだけ。一回目は買ったものをまとめて自分で持って帰ってきました。次は郵便局で送りました。でも、なかなか届かない。こんなではダメだと、その次は自分でパッキングして空港まで持っていって同じ飛行機で帰ってきて、成田で受け取り関税を払って持って帰ってきました。それ

から発送センターに頼むようになり、日本向けに商品をアレンジするようにもなり、現地スタッフを抱えるようにもなりました。当初は事務所もなく家で検品するから、家中がバブーシュでいっぱいになりました。

自分が作ってきたものを大きいスーツケースに入れて電車で営業に回っていましたね。かなり怪しまれました。モロッコってどこ? みたいな。売り込みに行って(商品の良さが)わかんないと言われると、「なんで伝わらないの?」って落ちこみましたね。

ほんとうに大変だったのは、最初の3年間。モノを作るのにはやっぱりお金がかかるんです。オーダーをしたときに前金を払わなきゃならない。最初は貯金全部はたきました。お金をつぎ込んでオリジナル雑貨を作って、2か月で納品しても翌月の末締め翌々月払いだから、私の手元に入ってくるまで、半年のタームがある。資金繰りは大変でしたね。お客さまからお金が入ったら、そのお金で次のものを作る自転車操業でした。

やらないで後悔するよりは、やってみて後悔したい

モロッコではみんな自分を持っている。自分が強くならなくちゃいけない

ファティマ モロッコの最初のヒット作は、シルバーとゴールドのバブーシュとシルバーとゴールドの持ち手のついたカゴ。ユナイテッドアローズさんに営業に行ったら、「面白いわね」って金銀10足ずつ、カゴも10個ずつ合計40がすぐに売れたので続々と注文が来て、ついには1,000の単位になっていきました。

次に会社が大きく変わったのは、スマイルのバブーシュを出した2016年頃。韓国のSNSで広まって、韓国からもオファーがたくさん来ました。

気分が沈んでいても、色を見ると元気になれるから、モロッコはポジティブな国なんだろうなと思っていたら、いい意味でも悪い意味でもポジティブでしたね。

みんな自分を持っている。この国で戦うには、自分が強くならなくちゃいけない。ずいぶん鍛えられました。

バイヤー時代に英語が下手だってコンプレックスがあったんですけれど、モロッコの人はたいして英語が喋れなくても、ハチャメチャで喋ってくるんです。そこで何かが生まれる。もっとどんどん積極的になって喋っていけよ、って。それはモロッコの人に教わりましたね。

モロッコって、すごいいい人とすごい悪い人が極端。たとえば、100個作ってくださいって言ったときに、前金を払わなきゃいけない。彼らも素材を買うお金がないですから。その前金を払ったらいなくなっちゃったというのが何回もありましたね。でも失敗しても失敗してもまた行きたくなる。それもモロッコマジックですね。

モロッコはイスラム教の国なので、文化や宗教観も当然違います。ラマダン（イスラム暦の9月。一年が354日なので毎年ずれる）の時期にはみんな早く帰ってしまいますし、犠牲祭（イスラム暦の12月10日。羊や牛を生贄として捧げ家族で祝う）には新しい服を着て必ず田舎に帰ります。どんな人もお休みを取るので、3週間ぐらい動きません。

モロッコの女性の美しさを支えているアルガンオイルのよさも伝えたい

ファティマ モロッコを始めて、モロッコを伝えるにはモロッコのコスメも必要だなと思って始めたのが2012年。準備として、モロッコのハーブとか植物について調べ出しました。アルガンオイルは西側の沿岸でしか採れません。モロッコの女性の美しさを支えているのは絶対アルガンオイルだと思います。とにかく乾燥している。夏なんてマラケシュで気温50度、湿度5%なんてこと

もある。彼女たちは肥沃な土地で採れる野菜やハーブ、アルガンオイルに助けられてきれいなんだと思います。

　ハーブ園はマラケシュの郊外のウーリカのあたりにあります。ケラアムグナのバラの谷にも毎年通っています。そこはクレオパトラも大好きだったというバラの最高峰、ダマスクローズの聖地なんです。ダマスクローズはモロッコ、ブルガリア、トルコなどが産地で、5月の第一週の10日間から二週間しか咲きません。

いつ人生を動かすものに出会えるかわからない。アンテナはちゃんと張っておきたい

　フェズは伝統工芸の発祥地なので、気難しい職人さんたちが、手のこんだものを作っています。日本で言えば京都みたいなところ。いいものがあります。美食の街でもあるので、フェズ出身の人がやっているレストランはおいしいって言われています。マラケシュにはサンローランのお墓と美術館が最近できて、ここもモロッコに行くたびに行きます。

　2019年にとうとうモロッコ渡航100回になり、なんと全地域を制覇しました。砂漠地帯が多いとはいえ、国土は日本の約1.2倍。駆け足で回ると記憶が薄くなるので、今回はマラケシュだけとか、部分的に攻めたほうが心に残る旅になります。バックパッカーみたいなことをしたかったら、バス。バスはモロッコ中を網羅しています。ちょっとゆったりしたかったら、ドライバーと車をお友達と4、5人でシェアするのもいい。

　よく、治安はどうですかって聞かれますが、携帯を手に持たない。チャックのあるカバンにする。どこだって一緒です。モロッコだから危ないってことはぜったいないです。

　いつ人生を動かすものに出会えるかわからないから、アンテナはちゃんと張っておきたい。ボーッと生きていたら、大事なものは拾えなかったりすると思うんです。出だしは3歩進んで5歩下がるくらいであっても、やらないで諦めるよりはやる。買いつけも買わないで諦めるよりは、買って後悔する。だから、うちの会社は在庫の山です（笑）。でもそれが次の自分につながります。2018年に「世界はほしいモノにあふれてる」に出たことで、また少し世界が広がりました。誰からも頼まれていませんけれど、もっともっとモロッコを伝えていきたいと思っています。

ご褒美は雄大なサンセット

モロッコは西の地の果て、太陽の沈む国

モロッコで最も楽しみにしているのは、サンセットですね。夕日を見ながらビールを一杯。仕事を忘れ、ゆっくりモロッコを味わう時間。

夕日を見ると、「おつかれ、自分」みたいな。ほんとに自分へのご褒美ですね。自分がリフレッシュする時間でもある。ここでしか見られない風景ですし。

① サハラ砂漠の砂丘に沈むサンセット。
② オアシスの街、スコーラから見るサンセット。
③ 海辺の街、エッサウィラのサンセット。
　 大西洋にザーンと日が落ちる。
④ ブルーマンダダデスのサンセット。
⑤ 西サハラの入り口、ダハラのサンセット。
⑥ 青の街シャフシャウエンのサンセット。
⑦ マラケシュのサンセット。モスクがあってすごくきれい。

モロッコって西の果て、日が沈む国だから。日本は東の日の出ずる国。モロッコではぜひ、日の沈むところを見てほしいです。

10 QUESTIONS

❶ 子供の頃の夢は何?

子供の頃はあれもこれもなりたかったから。でもなんとなく、世界とかかわる仕事がしたくて。地球儀が大好きでした。

❷ 今の仕事を知ったのはいつ? なぜ惹かれたの?

18歳でラフォーレ原宿に配属になったとき、イタリアやフランスのものが売られていて、どうやって入ってくるのか、先輩に質問して、初めてバイヤーという仕事があることを知りました。

❸ 駆け出しの頃に役に立ったアドバイスは何?
  あるいはその頃の自分に言ってあげたいことは?

すごい生意気だったんですけれど、海外のデザイナーさんとかメーカーさんにもっと知りたいことがあったのに、言葉の壁があって質問できなかった。でも、言葉じゃなくて自分に度胸がなかったんだなって今になってわかった。もっと勇気を出して、ハチャメチャな言葉でいいから聞いてごらんって言ってあげたい。

❹ 自分の性格でいちばん自慢できるところは?

思ったら吉日。すぐに動きます。失敗もするんですよ。でもやらないでモジモジしているより、やって失敗した方が早く結果も出る。

❺ キャリアや仕事のために払った最大の犠牲は?

自分の犠牲は何もないんですけれど、夫や家族にかわいそうな思いをさせてしまったかなっていう気持ちはある。いつもいないでしょ。最大の理解があったからなんだけれど。あえて言うなら。

❻ 夜眠れなくなるような不安や悩みはある?

ファティマ モロッコの仕事を始めて4年目、2010年の4月にアイスランドの火山が噴火してヨーロッパの空港が全部閉鎖になって、空輸する商品を乗せた飛行機がどこで降りたかわからなくなっちゃったんですよ。日本はデリバリーのキャンセルデートがGW前に設けられていましたから、そのときは毎日携帯持って眠れなかった。

❼ 仕事をする上で大切にしていることは何?

ファーストインプレッションを大切にしています。

❽ リフレッシュはどうやってする?

モロッコに行っているときはモロッコに行ってること自体がリフレッシュ。日本にいるときは温泉に行きます。

❾ 世の中にもっとあってほしいモノは?
  減ってほしいモノは?

あってほしいモノは、ストーリーや作り手の顔が見えるモノ。大量生産大量消費のモノはつまらない。ぬくもりがあるモノがもっとあってほしいな。減ってほしいモノはごみとなるモノ。モロッコに行って感じました。モロッコの南の方に行くと、遊牧民とかミニマルな生活をしている人たちがいる。彼らは貧しいわけではない。お金も家畜も持っている。だけど、あのミニマルな生活が好きだからやっている。必要なモノだけを大事に持って生きている。いいなあと思います。

❿ 明日、やりたいことは何?

モロッコに行きたい。一年に一回は、気になる他の国にも行くんですけれど。やっぱりモロッコなんですね。

大原真樹 *Maki Ohara*

1982年にアパレル会社に入社。セレクトショップの店長を経てバイヤーに。その後、スタイリストとして独立。2000年に初モロッコ上陸。2006年、モロッコ雑貨を扱うファティマ モロッコを立ち上げ、現在まで渡航歴は100回を超えた。

写真協力:ファティマ モロッコ ｜ text:松山加珠子

大島忠智さんと行く

北欧
ビンテージ家具
を探す旅

インテリアブランド「イデー」に所属する大
島忠智さん。スウェーデン南端の港町マルメ
をベースにビンテージショップやセカンドハ
ンドショップをめぐり、一生ものの椅子や作
家ものの雑貨を探し出していく。

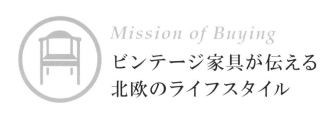

ビンテージ家具が伝える
北欧のライフスタイル

お手本のひとつが北欧のライフスタイル

　シンプルであたたかみのあるデザインが、日本をはじめ世界中で愛されている北欧家具。なかでも1950年代から1970年代にかけて作られたビンテージ家具への注目度は高い。

　インテリアブランド「イデー」に所属する大島忠智さんは、モノへの強い愛着と深い知識を武器に、日本ではまだ知られていない家具や雑貨を、つぎつぎに発掘。スウェーデン南部を中心に駆けまわり、世のインテリア好きをうならせるお宝を探し出す。

　「イデーは"生活の探求、美意識のある暮らし"をコンセプトに掲げています。テーマは、おびただしいモノと情報があふれる中、何を選んで、どう組み合わせ日々を愉しむか。お手本のひとつが北欧のライフスタイルです」

　とはいえ、ひとくちに北欧家具といっても内実は多彩。そんな中、ビンテージものに目を向ける理由はどこにあるのだろう。

　「北欧の国々は、元々それほど資源に恵まれているわけではありませんでした。裕福ではないぶん、人々はふだんの暮らしや日常で使うモノを大事にしてきた。機能面でも意匠面でも、モノがきちんとデザインされていれば、使い勝手がよくなるし、愛着も持てる。長く使いつづけられるように、シンプルでメンテナンスしやすいものも多い。そんな背景があります」

　こうした流れは、今も北欧デザインに受け継がれているが、その特徴がもっとも色濃くにじみ出ているのがビンテージ家具なのだ。

年月で味わいが増す"経年美化"という考え方

　「経年変化ということばがありますよね。ぼくはそれをさらに推し進めて"経年美化"という言い方をしています。チーク材やオーク材などの上質な素材をぜいたくに使った家具は、年月を経てきたからこそ、味わいが増すとすら思っていて。ていねいに修理された部分なんて愛おしいくらい（笑）」

　このとき買いつけたアイテムは、およそ250点。これらの多くは、2018年の夏に開催されたエキシビション「暮らしをつくる、スカンジナヴィアンデザイン」でお披露目となった。評判は上々。どれもあっという間に買い手がついた。

　意識しているのは、ただ単に「モノを売る」だけで終わらせないこと。伝えたいのは「大切に愛着を持って使いつづけることの素晴らしさ」。長年、使われつづけてきたビンテージ家具をとおして、北欧の人々の「シンプルだけれども豊かな暮らし」を知ってほしいという気持ちがこめられている。

根底にあるのは市民のためのデザイン

　「北欧デザインの根底には"市民のため

モノと情報があふれる中、
何を選んで、どう組み合わせ日々を愉しむか。
お手本のひとつが北欧のライフスタイルです。

マルメの郊外にある厩舎を改装した
アンティークショップオーナーの自宅

のデザイン"という考えが根づいています。20世紀初頭、スウェーデンでは社会思想家のエレン・ケイや、スウェーデンデザイン協会のグレゴール・パウルソンのような人々が、日常生活をよりよいものに改善していこうという活動を展開していました。ケイは"すべてを美しく"、パウルソンは"もっと素敵な日用品を"というスローガンを唱え、ふつうの人々がふだんの暮ら

しの中で使うものこそ、美しくデザインされていなければならないと提案した。日本には柳宗悦さんたちが始めた民藝運動がありますが、その動きととてもよく似ています」

　モノがきっかけとなり、作り手の思想や地域の歴史にも関心を広げていってもらえれば——買いつけの裏側にはそんな思いが潜んでいる。

スウェーデン *Kingdom of Sweden*

日本よりやや広い国土（1.2倍）を持つ北欧最大の国。人口は約1,022万人。公用語はスウェーデン語。夏の日照時間は長く、冬は短く薄暗い。エリクソン、IKEA、H&M、スポティファイなど、グローバルに活躍する企業を多く生み出している。SJと呼ばれるスウェーデンの国鉄は全土に鉄道網を持ち、デザイン性の高さでも人気。

日本からの直行便はなく、ヘルシンキ経由、もしくはコペンハーゲン経由で約12〜13時間。

Norwegian Sea

SWEDEN
スウェーデン

FINLAND

NORWAY

ストックホルム

ESTONIA

Baltic Sea

DENMARK

ヘルシンボリ
ルンド
カールス
クローナ
マルメ

LATVIA

LITHUANIA

GERMANY

POLAND

マルメ *Malmo*

スウェーデン南部スコーネ地方の南端の港町。17世紀に
スウェーデンの領土になるまでデンマークの支配下にあっ
た。エーレスンド海峡に架かる橋を渡れば、コペンハーゲ
ンまでは車で1時間弱。大島さんはマルメを物流の拠点に
している。陶芸家、シグネ・ペーション・メリンさんのアトリ
エもある。

ルンド *Lund*

スウェーデン南部スコーネ地方にある学園都市。12世紀よ
り大司教の居住地となり、ルンド大聖堂が建立され、北欧
のキリスト教の中心地となった。ルンド大学が1668年に創
設され、学園都市として発展する。人口の約半分が学生と
も言われる。

カールスクローナ *Karlskrona*

スウェーデン南部ブレーキンゲ地方にある街。メキシコ暖流
の影響で、冬でも海が凍らないことから、バルト海の軍事基
地として軍港が築かれた。ガラス作家のエリック・ホグラン
が生まれた街でもある。ブレーキンゲミュージアムではホグ
ラン作品を多数見ることができる。写真の像はホグラン作。

ヘルシンボリ *Helsingborg*

スウェーデン南部スコーネ地方の湾岸都市。1675年~1679
年にかけてデンマークとスウェーデンの間で続いたスコー
ネ戦争で街の大部分が廃墟になる。ヘルシンボリからデン
マークのヘルシンオアまでフェリーで20分ほど。「ニルスの
ふしぎな旅」の舞台でもある。

ストックホルム

Stockholm

スウェーデンの首都。北欧のベ
ニスと呼ばれ、ストックホルム群
島、アーキペラゴは20,000以上
の大小の島々からなる。100以上
の博物館、美術館がある文化的
都市。毎年、ノーベル賞の授賞式
が行われることでも有名。

Mission 1
ベースキャンプは南部の港町、マルメ

マルメを拠点にスコーネ地方をめぐる

　極寒の2月。このときのスケジュールは、飛行機での移動を含め、およそ2週間。そのうち、スウェーデンでの買いつけに要したのは実質6日間だった。

　成田国際空港からヘルシンキ経由でデンマークの首都コペンハーゲンへ。DSB（デンマーク国鉄）に乗ってエーレスンド海峡を渡ると、およそ30分でスウェーデン南端の都市マルメに到着する。この港町をベースキャンプに、ルンド、ヘルシンボリ、カールスクローナなど近隣の地域をめぐる。

　「買いつけた250点もの家具や雑貨は、コンテナに詰めこんで日本に送らなければなりません。マルメは港町。つまり物流の拠点。買いつけから貨物の発送まで、効率的に作業できる土地です」

　仕事上のパートナーとして、長年、交流しているのがペールさん。マルメでビンテージショップを運営している。北欧に来るとかならず訪ねる店でもある。

　「ペールさんが探し出した家具を買うこともかなりありますが、それと同時に、倉庫の空いているところを貸してもらってもいるんです。買いつけたアイテムは、いったん倉庫に送って、まとめて保管。マルメを出発する前日あたりに、すべて梱包して発送手配をする。いつもそんな段取りで進めています」

いいものだけじゃなく、その背景も伝えたい

　はじめて北欧にやって来たのは2011年3月。そう、ちょうど東日本大震災があった時期。動揺を抑えながら買いつけをしたことは、生涯忘れられない経験となった。

　「最初の頃は、ただ単純に『スウェーデンって、いいモノがたくさんある！』という感じだった。でも、通っているうちに、暮らしに対する高い意識を感じる場面に何度も出くわして。そういうことに気づいたおかげで『モノだけじゃなく、その背景もきちんと伝えなきゃ！』と思うようになりました」

　ちなみに、2週間の旅程のうち、後半はドイツに移動し、フランクフルトで開催されたインテリア関連の国際見本市「アンビエンテ」などを回った。買いつけの鉄則は、一回の渡航で少なくとも2か国を回ること。時間的にもコスト的にも、そのほうが合理的。また、コストを抑えることで、そのぶん、店頭での販売価格もリーズナブルなものになる。

エリック・ホグランがデザインしたミラー

北欧ビンテージ家具

マルメの拠点、ペールさんの倉庫

セカンドハンドショップで掘り出し物発見!

1950〜1970年代の
人気ビンテージ家具を探す

使えるものは何度でもリサイクルする

　スウェーデンでは中古家具の売買が盛んだ。いたるところにビンテージショップやセカンドハンドショップなど、中古の家具を扱う店がある。

　「モノをきちんと使い切る意識が社会全体に浸透しているんでしょうね。"使わなくなったから捨てる"ではなく、みんながあたりまえに"使えるモノは何度もリサイクル"している。そんな印象があります」

　人気があるのは1950年代から1970年代にかけてデザインされたもの。木の質感を生かしているため、どの家具もやわらかでやさしい雰囲気だ。

　「たとえば学校用の机。筆記用具はこっちに仕舞うのかな。そんなふうに、かつてどう使われていたのかを想像するのも楽しいし、逆に、今の暮らしにどう活かすことができるかを考えるとワクワクします」

　北欧デザインの共通点は極力シンプルなところ。無駄な部分は削ぎ落とされているのに、どこかあたたかみを感じさせる。モノとしての存在感は唯一無二。

　スウェーデン有数のディーラーには、3,000点以上の古い家具がずらりと並ぶ。ビンテージ家具はひとつひとつの状態が異なるから、当然、目利きとしての眼力が問われる。大島さんは隅々まで目をこらし、何か目新しいものや「これは！」という逸品が隠れていないか、感覚を研ぎすませて歩き回る。その表情は獲物をねらうハンターのよう。

珍しいエクストロームのブックシェルフを発見

　倉庫の一角で見つけたのは、スウェーデンを代表するデザイナーの一人、イングヴ・エクストロームが手がけた木製ブックシェルフ。上部の扉にはガラスが使われている。

　「ガラス扉のシェルフってなかなか無い。下の木製扉も木彫りのレリーフみたいになっていて、すごくかわいい。抽象化されているんだけれども、よく見ると、ベレー帽をかぶった顔になっている(笑)」

　遊び心あふれる装飾だ。ちょっととぼけた味わいのデザインは、いかにも北欧らしい。同行の三嘴（みつはし）隆造さんはイデーのMD（マーチャンダイザー）。そのつど全体の予算配分を考えながら、大島さんが選び出すモノに対し、買いつけに値するかどうかを判断する役目。つまり、大島さんと三嘴さん、ふたりの意見が一致しないと買うことはできない。だが、このときは即座に購入を決めた。

　「これ、エクストロームだよね？ ガラス扉のキャビネットなんて珍しいな。はじめて見たかもしれない」（三嘴）

　「食器棚として使えるから需要あるよね？」（大島）

　「うん、買おう！」（三嘴）

　企画の眼目になるものを、ひとつ手に入れた。

郊外の店舗が増えてきた

北欧ビンテージ家具

エクストロームのブックシェルフ

目利きの仕事!

1950〜1970年代の家具が狙い目

古都ルンドで一生使える椅子と出会う

街のシンボル、ルンド大聖堂

何年も使われつづけているチャーチチェア

一脚だけでも絵になるビンテージの椅子

　北欧へ来るたびに買いつけているのはジョン・グスタフ・アクセル・バーグのウィンザーチェア（58ページ下段左）。時間とともに深みを増し、飴色になった木の質感は、大島さん言うところの"経年美化"。背からアームへとつながる曲線が美しい。

「この椅子は美しいだけでなくとても座り心地がいい。サイズもほどよくコンパクトだから、女性でも座りやすいんじゃないかな」

　一脚だけで絵になる優美なたたずまい。居心地のいい空間を演出してくれる。

何十年も使われつづける大聖堂の椅子

　千年の歴史を持つ古都ルンドでは、買いつけの途中、街のシンボルであるルンド大聖堂を見学。1145年に建造された堂々たるロマネスク様式の建築物。北欧でもっとも古い大司教座のひとつでもある。いまでも毎日礼拝が行われ、人々が祈りを捧げに集まってくる。大島さんが目に留めたのは整然と並ぶ礼拝用の椅子。

「何十年もメンテナンスしながら使っているんでしょうね。すごく作りがいい。座面の下にある小さな台座は、聖書を載せるためのものかな」

　翌日、マルメ市内のアンティークショップを回っていると、なんと大聖堂の椅子を発見。慈善団体がチャリティのために販売していた椅子をオーナーが引き取ったらしい。

　このチャーチチェアの特徴は、ペーパーコードと呼ばれる編み込みの座面。クッション性が高く、長時間座っても疲れない。張替もできる。たくさんの人たちが使うことを考えた丈夫な作りが持ち味だ。

欠かせない存在になる10万円の椅子

「やっぱりビンテージ家具の買いつけは楽しい。こういう椅子が、どんな場所で使われているのかということを、自分の目で発見できるわけですから。ショップを介して、別のだれかに受け継がれていくことも、あらためて実感できました」

　大島さんがよく口にすることばがある。

「10万円のコートは10年くらいしか保たないけど、10万円の椅子は一生使える」。なるほど、たしかに一理ある。

「これ、全然大げさな話じゃないんです。一生どころか、二代、三代にわたって使いつづけている家庭もあるくらいですから。いいモノを選んで、きちんと手入れをしながら、ていねいに付き合っていく。そうすれば、椅子はぼくらの生活に溶けこんでくれる。日常で欠かせない存在になるんです」

ランチは定番メニューのリンゴンベリージャム添え

アンティークマーケットでカゴを買う

生誕地カールスクローナで
ホグラン作品を探す

革命児ホグランの生まれた街

　スウェーデンを代表するガラス作家エリック・ホグラン。彼の故郷カールスクローナでは、真っ先にブレーキングミュージアムを訪問した。キュレーターの解説に耳を傾けながら、ガラス工芸をはじめとする貴重な作品を見せてもらう。

　ホグランは1932年生まれ。ストックホルムにあるスウェーデン国立芸術工芸デザイン大学で彫刻を学んだあと、1953年デザイナーとしてガラス工房「ボダ」に参加。繊細で美しいデザインが主流だった時代、ホグランが生み出したのは武骨であざやかな作品だった。

プリミティブな造形。圧倒的な存在感

　「なんといっても、手のぬくもりを感じさせるプリミティブな造形が魅力です。当時は薄くて繊細なものが主流で、他の作家とは一線を画するオリジナリティがある。だって、ぼてっとした肉厚のガラスに気泡がたくさん入っているんですから（笑）。それだけに存在感は抜群。スウェーデンのガラス工芸の常識をひっくりかえしたという意味では革命児です」

　カールスクローナのビンテージショップでホグランの作品がないかひととおりチェックする。市内のアンティークショップで珍しい木製のホグランに出会う。

たどり着いたのは個人のコレクション

　いったんベースキャンプのマルメにもどる。そのあとスウェーデンの首都ストックホルムへ移動。買いつけ終盤はホグランのレアものを探す旅となった。大雪という最悪のコンディションの中、大島さんは人脈をたよりに情報を集める。たどり着いたのはアパートメントの一室。個人コレクター、マグヌスさんの家だ。ビンテージ雑貨を集めて20年。コレクションの一部は、その価値がわかる人にだけ適正価格で譲っているという。

はじめて出会うホグランの燭台

　奥の部屋に足を踏み入れた瞬間、大島さんは息を呑んだ。棚のうえに、これまで資料でしか目にしたことのなかった燭台が並んでいたのだ。氷のように分厚いガラスに、あたたかみのあるレリーフ。ホグラン独自のデザインに目をうばわれる。「実物を見たのは、これがはじめて。まさかこんなものと出会えるなんて……。光にかざすと、さらに魅力が際立ちますね。おまけに状態もいい。いやあ、すごいものを見つけちゃった！」

　マグヌスさん、スウェーデンのガラス作家の価値を、はるか遠い場所に暮らす日本人が高く評価し、敬意を表していることに胸を打たれたようだ。

　わざわざ日本からやって来たのだからと、快く譲ってもらうことができた。

ホグランの燭台

状態の良いキャビネットにもめぐり逢った！

ストックホルムのコレクター、マグヌス邸。素晴らしいコレクションが！

寒く長い冬を彩るフラワーベース

雑貨のメインをフラワーベースにする

このときの買いつけでは、ざっくり二つのテーマがあった。家具は椅子やキャビネット、シェルフを中心にすること、雑貨はビンテージのホグランやリサ・ラーソンの逸品を手に入れること。ただ、現地でビンテージやアンティークをあつかうショップをめぐっているうちに、大島さんの頭の中にはフラワーベース（花器）を紹介する企画のアイデアも浮かんできた。こうした臨機応変さもバイヤーには必要不可欠。

どこの家にもあたりまえのように花がある

「実際フラワーベースは、あちこちの店や蚤の市でよく見かけるんです。そもそも北欧の人たちって、どこの家にお邪魔しても花が生けてある。一人で暮らしている男性ですら、あたりまえのように花を飾っていて。素敵な暮らしだなと思います。ぼくも真似したいけど、なかなかできない（笑）」

北欧では寒く長い冬がつづく。そのため室内で過ごす時間が必然的に長くなる。花を飾るというちょっとした営みにも、生活空間を彩りたいという気持ちが、無意識のうちに反映されているのだろう。

スウェーデンの陶芸家、シグネさん

「マルメではスウェーデンを代表する陶

窓辺には部屋の色に合わせた植物や花が

芸家のシグネ・ペーション・メリンさんのアトリエも訪ねました。作品は以前からあつかっているのですが、日本の民藝にも影響を受けたとおっしゃっているのが印象的で。彼女の手仕事にも“すべてを美しく”とか“もっと素敵な日用品を”といった北欧デザインの思想が反映されている。でも、思想といっても、べつに堅苦しく考える必要はない。モノそのものが魅力的だし、さらにそれが、ふだんの暮らしで使われているところが素晴らしいわけですから」

デザインやアートは暮らしの一部。そうした思いはギャラリースペース「IDÉE GALLERY AND BOOKS」（イデーショップ自由が丘店）にも反映されている。

「買いつけた商品はもちろん、古今東西、多彩なクリエイターの作品を展示するための空間です。ドローイングやオブジェのようなアートピースを“生活空間の中で見せる”ことができるのは、インテリアショップならではの強みですね」

スウェーデンの陶芸家のシグネさん

シグネさんの生まれたトメリラの土を使っている

北欧ビンテージ家具

つい、顔がほころぶ。日本の民藝に影響を受けている

コレクターの棚にはベルント・フリーベリの作品が

こちらはスティッグ・リンドベリの陶器

カーテンのない窓越しに見える
"家で過ごす時間"

窓から見えるインテリアが楽しみ

カーテンのない窓辺

感動したのは窓越しに見えるインテリア

　買いつけを終えると、毎日楽しみにしていることがある。夜の街を散歩する時間だ。窓の外から垣間見える人々の暮らしに惹かれるのだという。

「面白いことに、どの家にもカーテンがついていない。スウェーデンの人が言うには『なんで隠す必要があるの？』って。なので、室内の照明も外からいい位置に見えるように吊している気がする（笑）」

　2011年にはじめて買いつけに来たとき、何より感動したのは窓越しに見えるインテリアだった。心から暮らしを楽しんでいる様子がうかがえたからだ。

「楽しみ方も家ごとに違います。ある家ではさりげなく和の要素を取り入れていたり、別の部屋だとモダンなテイストでコーディネートしていたり。どの家庭も"自分にとっての暮らし"がきちんとイメージできている。常に"なんでもない時間をいかに楽しむか"を考えている。だから、確固とした個性があるし、そこに魅力を感じます」

お茶とお菓子と友人となんでもない時間

　スウェーデン人のなんでもない時間を楽しむコツ。それは"FIKA（フィーカ）"にもよくあらわれている。FIKAはコーヒーブレイクのこと。あたたかいコーヒーを飲みながら、焼き菓子やケーキ、シナモンロールなどのスイーツを味わう時間だ。このFIKA、人によっては1日で7回も行うのだとか。

「もともとスウェーデンには、友人や仲間とお茶の時間を楽しむ文化がある。その延長線上で"家で過ごす時間"に対する意識がものすごく強い。部屋に帰ってきて、ソファに座りながら好きな音楽を聴くとか、お気に入りのカップでコーヒーを飲むとか。どれもささやかな行為なんだけれども、ひとつひとつを重ねていくことで、豊かな暮らしが育まれている。こうした国民性や生活風土って素敵だなと思います」

北欧ビンテージ家具

三嶌さんとFIKA

スウェーデンの伝統菓子セムラ

Mission 7

伝統と革新、そのどちらにも
出会えるのがビンテージ

使いこまれて変わっていくデザイン

　このときの旅では、アルヴァ・アアルト、ボーエ・モーエンセン、カール・マルムステン、エリック・ホグラン、イルマリ・タピオヴァーラ、リサ・ラーソン、イングヴ・エクストロームなど、北欧デザインを代表するデザイナーたちの家具や雑貨を買いつけることができた。ただ、名だたるデザイナーの作品だから価値がある、という単純な話でもない。

「たとえば、乳搾りに使っていた木製の小椅子なんてものも、すごくチャーミングなんです。たぶん酪農家や木工職人の方々が、使い勝手をあれこれ工夫していくうちに、少しずつカタチが定まっていったんでしょう。だから誰がデザインしたのかはわからない。いわゆるアノニマス（匿名性の）デザインです」

大切なのは日本の暮らしの中での使いやすさ

　買いつけのときに大きな判断材料となるのが「日本の暮らしでの使いやすさ」。なかでも椅子は、お客さんからの人気が高い。理由は二つ。一つめは手軽に北欧デザインを楽しめるから。二つめは部屋に置いてもそれほど邪魔にならないから。

「構造がシンプルで、素材に味わいのあるものは、昔も今も変わらず、常に支

最後の夜はエリック・ホグランも愛した
老舗のレストラン「ペリカン」

持される傾向があります。いちばんわかりやすいのが木製の椅子。とくに北欧ビンテージものは"シンプルで味わいがある"という条件を満たしている。バイヤーの立場としては、定番品や売れ筋のアイテムを買いつけることのほうが断然多い

ホグランも好きだったという塩豚

のですが、ただ、それでも全体の10％くらいは、いつも自分なりに冒険をして、ちょっと目先の変わったものも選ぶようにしています。"こういうのが好きなお客さんって絶対いるよな"と思いながら」

むしろ、それはバイヤーとしての矜持だろう。品ぞろえがマンネリ化すると、暮らしの豊かさは提案できない。大島さん自身が、常に高揚した気分でセレクトしているからこそ、ビンテージものの家具や雑貨は、あたらしい命を吹きこまれるのだ。

自分らしい買いつけって何だろう

「頭の片隅には、いつも"自分らしい買いつけって何だろう"という問いかけがあります。でも、バイヤーの方って、みんなそうなんじゃないですかね（笑）。イデーの特長は、北欧のビンテージものだけじゃなくて、他の要素と組み合わせて提示できるところ。それぞれのデザインの良さをフラットに受けとめて、自分なりに楽しんでいる方々が支持してくださっている。だから、その中の要素として北欧デザインやビンテージ家具があるという位置づけです」

旅の終わり、スウェーデンの各地で奇跡的に出会えたモノたちを集めて、広報用の写真を撮影する。ひと段落ついて、高ぶっていた気持ちが落ち着きを取りもどす時間でもある。

エクストロームのようなデザイナーたちがつくりあげた、ずっと変わらないシンプルなもの。あるいは、ホグランのような革命児が生み出した、時代の流れを変える契機となったもの。伝統と革新、そのどちらにも出会えるのが、北欧ビンテージをめぐる旅の楽しさなのかもしれない。

「空間」にかかわる仕事へと興味が移っていった

部屋の様子を想像して
間取りを眺めるのが好きだったんです

　生まれたのは1973年。オイルショックの年です。生地は宮崎ですが、父親が転勤族だったので、九州各地を転々としていました。中学2年まで福岡、3年から宮崎、浪人生の頃は予備校に通うため、また福岡へ。中学時代はバレーボールに打ち込んでいましたし、高校は理系コース。なので、今の仕事につながる要素はあまりないかな。

　漠然と将来は医者や獣医になろうかと思ったりもしていました。家庭教師が医学生だったから、その人の影響もけっこう大きかった。でも、人の命を預かる仕事ですから、あまり自分には向いていない。考え直した結果、こんどは建築家という仕事に目が向いた。

　新聞のチラシで不動産広告が入っているじゃないですか。そこに載っている間取りを眺めるのが好きだったんです。自分なりに部屋の様子をいろいろ想像したりして。海外のインテリア雑誌も購読していました。

海外のインテリア雑誌と「F.O.B COOP」。
空間にかかわる仕事がしたいと思っていた

　大学は慶應義塾大学の環境情報学部へ。1990年に開設された湘南藤沢キャンパス（SFC）です。この学部には建築・都市デザインだけじゃなく、情報システムやメディアデザイン、エコロジーや認知科学を学ぶ学科もあった。領域横断的で、当時としては先進的なカリキュラム。万が一、建築へ

の興味を失ったとしても、ここなら他の勉強ができると思ったんです。そして、実際に建築業界ではなく、インテリア業界に進むことになるわけですが……。広い目で見れば、建築もインテリアも「空間」にかかわる仕事。大きく分けると、建築は構造や外観を手がけ、インテリアは内部の設えを担当するという違いはありますけど。

今ふり返ると海外のインテリア雑誌を読んでいたくらいですから、もともとインテリアへの関心のほうが強かったんでしょうね。勉強の合間にフランス雑貨のお店F.O.B COOPでバイトもしていました。ここは輸入雑貨のセレクトショップ。残念ながら、今はもうすべての店舗が閉店してしまいました。

イデーのスタートはカフェ勤務。
最初はショックでしたね

就職試験を受けたのが「サザビー」と「イデー」の2社。イデーの最終面接では、当時、代表を務めていた黒﨑輝男さん（イデー

創業者）に生意気なことを言っちゃって。「カフェは素敵な空間なのに、流れている音楽は、なんであんなにダサいんですか?」って。そうしたらムッとした表情で「じゃあ、おまえが変えろ!」と返された。でも、それで採用が決まりました。

配属されたのは飲食事業部。新人研修で一週間だけ配置とか、そういうことじゃないんです。他の同期はいろんな部署で経験を積んでいるというのに、一か月後も半年後も、ぼくだけずっとカフェ勤務。最初はショックでしたね。だって、インテリアの仕事がしたくてイデーを選んだわけですから。

BUYER'S INTERVIEW

カフェ、プレス、そしてバイヤーに

「空間」としてのカフェの可能性が広がる時期でした

　飲食事業部に配属されて、一瞬、辞めようかとすら考えましたが、すぐに考えを改めました。いざ、取り組んでみると、奥が深いことに気がついて。それに当時はカフェという業態がもりあがる寸前だった。単にお茶や食事をしたり、休憩したりするだけの場所じゃなくて、面白いことを仕掛けていける「空間」として注目され始めた時期。クラブカルチャーとの相乗効果もあったし、お客さんとのコミュニケーションを含め、どんどん可能性が広がっていった。おかげさまで10年間、飲食事業の楽しさにどっぷり浸かっていました。

　あの頃カフェに出入りしていた若い才能たちは、今インテリア業界の中心で大活躍しています。そのネットワークが、直接的・間接的に、今の仕事にもつながったりしていて、人生って不思議な縁で結びついていますよね。

　2008年にプレスに異動。そこから少しずつ企画にもかかわり始めます。やりたいことがあると、とにかく企画書にまとめて、上司に提出していました。

「豊かな暮らし」を考えるウェブマガジン「LIFECYCLING」を立ち上げて

　そのひとつがウェブマガジン「LIFECYCLING」の立ち上げ。モノやコトにこだわりをもって生活している方々へのインタビューを中心に、「豊かな暮らし」って何だろうと考えるためのメディアです。暮らしの中の美意識や、モノを選ぶときの基準、遊び心にあふれたライフスタイルから、いろんなヒントやアイデアを得られるんじゃないか。そう思ったんです。お客さまに向けてのメッセージという側面が大きいのですが、実はぼく自身がいちばん楽しんでいるかもしれない。

　買いつけに関しても、企画書を提出したり、「こんなことがやりたい！」と口にするようにしていました。それが実を結んで、2011年3月、はじめて北欧行きが実現しました。うれしかったですね。

震災が「ふだんの暮らし」や「なにげない日常」の大切さを痛感させるきっかけに

　でも、はじめての北欧出張に浮き足立っていたぼくに、冷や水を浴びせるようなニュースが飛びこんできた。東日本大震災です。地震や津波の被害に加え、原発事故まで……。「日本はどうなってしまうんだろう」と心の中は不安でいっぱいになりましたが、それでも仕事は仕事、もやもやした気持ちを抱えながら、家具や雑貨の買いつけをしていました。

　偶然とはいえ、あの震災をきっかけに、多くの日本人が「ふだんの暮らし」や「なにげない日常」の大切さを痛感したのでは

ないでしょうか。

　幸い、そのときの商品がどれも好評だったので、毎年、海外での買いつけを任されるようになりました。平均して年に6回ほど、一週間から10日間くらい。

　2018年はメキシコにも行きました。買いつけの内容は、ラグやクッション、マルチカバーなど、テキスタイルが中心。現地では多くの先住民が伝統に根ざしたものづくりをしています。民芸品（アルテサニア）を仕入れることで、彼らにとっては、経済的にも文化的にもプラスになる。それらのアイテムを買ってくださったお客さまは、物質的にも精神的にも深い満足感が得られる。もちろん、ぼくたちにとっては売り上げになり、次の買いつけにも行ける（笑）。モノを通じて全員がハッピーになれる仕組みです。

モノ、コトをていねいに編集し世界観や価値観を提案

人生の師匠、柚木沙弥郎さん

　個人的に尊敬しているのが柚木沙弥郎さん。一般的なイメージだと「染色家」「民藝の重鎮」という感じだと思います。でも、ぼくにとっては分類しがたい方で、あえて言うなら「アーティスト」。人間性や生き方を含め、勝手に「師匠」だと慕っています。2019年の秋にパリのギャラリーで97歳を迎えたお祝い企画が開催されましたが、そのタイミングに合わせて、現地のリトグラフ工房「イデム・パリ」で柚木さんの新作を刷ってもらいました。これは2020年の春に「IDÉE GALLERY AND BOOKS」（イデーショップ自由が丘店）で展示します。

「選ぶこと」や「組み合わせること」。
仕事の中心にあるのは編集する感覚です

　ぼく自身はアーティストやクラフトマンのように「ものづくり」ができる人間じゃありません。やっているのは「選ぶこと」や「組み合わせること」。それは海外での買いつけでも、ウェブマガジンの展開でも、ギャラリーでの展示企画でも共通しています。つまり、仕事の中心にあるのは編集する感覚なんです。モノやコトを編集することによって、世界観や価値観を提案していく、ということですね。
　年齢的にはそろそろ人生の折り返し地点。とはいえ、この先やりたいことといっても、今やっていることとそれほど変わりはありません。カフェやショップ、ウェブメディアやギャラリー。どういう伝え方がベストなのか、いまだに模索している途中です。いずれにしても、衣食住それぞれの領域で、自分にとって心地いいモノや、素敵だと感じられるコトを、きちんと吟味して選んだうえで、ていねいに編集していきたい。それを積み重ねていくことで、「豊かな暮らし」がイメージできるきっかけづくり

ができればなと思っています。

旅の時計のリストバンドはビンテージ。
ショップスタッフはすぐに反応します

　買いつけの必需品？　もちろんお気に入りのアイテムを持っていきますよ。
　領収書やメモなどを小分けするために使うのが「ポスタルコ」のトラベルウォレット。
　財布や貴重品などがすぐ取り出せるよう首掛けするのが「フォームユニフォーム」のストラップバッグ。生地は撥水加工を施したポリエステルで実用性は抜群です。
　時計はマックス・ビルがデザインした「ユンハンス」の手巻き式。時差があってもすぐに調整できますからね。ただしリストバンドはターコイズをあしらったビンテージ品。ニューメキシコ近辺で暮らすズニ族が作ったものを合わせています。こういう遊びを目にすると、海外のビンテージショップのスタッフは、すぐに反応するんです（笑）。
　もともと読書が趣味なので、文庫本も欠かせません。池波正太郎さんや伊丹十三さんのエッセイ集は洒脱さと軽みがあって大好きです。移動中はもちろん、宿泊先で寝る前に読んでいます。

10 QUESTIONS

❶ 子供の頃の夢は何?

10代の頃、医師や獣医にあこがれていた時期がありました。

❷ 今の仕事を知ったのはいつ? なぜ惹かれたの?

インテリア業界に進もうと思ったのは大学生の頃。バイヤーの仕事を具体的に知ったのはイデーに入社してから。

❸ 駆け出しの頃に役に立ったアドバイスは何? あるいはその頃の自分に言ってあげたいことは?

入社後、配属されたのが飲食事業部。「接客にはルールもマニュアルも無い」という経験則は、後々、ものすごく役に立ちました。仕事をしていくうえで重要なのは、自分の頭で考えて、そのつど臨機応変に対応すること。

❹ 自分の性格でいちばん自慢できるところは?

好奇心が旺盛で楽観的なところ。何事もポジティブにとらえています。

❺ キャリアや仕事のために払った最大の犠牲は?

仕事とプライベートの境界線がないこと。といっても、いま質問されたから、そう答えただけで、そのことを「犠牲」だと感じたことはありません(笑)。

❻ 夜眠れなくなるような不安や悩みはある?

楽観的なのでありません。あっ、生放送のテレビ番組に出る前日は、緊張して寝つきが悪かったかな……。

❼ 仕事をする上で大切にしていることは何?

ぼくたちの仕事は、さまざまなモノやコトを提供しているわけですが、その場かぎりの満足感を与えるのではなく、それぞれのお客さまが自分にとっての「豊かな暮らし」を考えていただけるとうれしいです。そのためのきっかけをつくっているのだと思っています。

❽ リフレッシュはどうやってする?

本を読んだり、音楽を聴いたり、おいしいものを食べたり。ただ単純にボーッとしているだけの「何もしない時間」をつくったりもします。

❾ 世の中にもっとあってほしいモノは? 減ってほしいモノは?

あってほしいモノは、自分の知らないコトや、まだ出会えていないモノ。減ってほしいモノは、街中のゴミや犯罪。それからコピー商品!

❿ 明日、やりたいことは何?

「ここ、いいな」と感じた街をもう一度訪れて、ゆっくり見て回りたい。買いつけというのは、やはり仕事なので、どうしても慌ただしくなるし、その街のことを断片的にしか理解できていないと思うんです。短期間でいいから実際に生活してみたいですね。

大島忠智 *Tadatomo Oshima*

宮崎県生まれ。慶應義塾大学環境情報学部卒。1998年イデー入社。飲食事業部門でカフェマネージャーとして約10年、広報でインタビューwebマガジン「LIFECYCLING」企画、商品開発を経て、現在は良品計画イデー事業部。

photo:広川智基　大島忠智　　text:大城譲司　　撮影協力:イデーショップ 自由が丘店

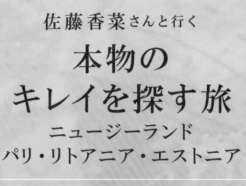

佐藤香菜さんと行く

本物の
キレイを探す旅

ニュージーランド
パリ・リトアニア・エストニア

オーガニックコスメやフードのセレクトショップ「Biople by CosmeKitchen」でディレクションを努めた佐藤香菜さん。エシカル（倫理的）なライフスタイル、楽しむエコ、地産地消のオーガニックを知るために、ニュージーランドへ。

ていねいに作られたものを使うことが
自分をいたわるいちばんの近道だと思っています。

ニュージーランドのファーマーズマーケット

身も心も癒す
オーガニック & ナチュラルを探して

サステナブルなニュージーランド

　身も心も癒してくれる本物のキレイを探す旅はニュージーランドから。旅するバイヤーは「コスメキッチン」の販売スタッフを経て、オーガニックコスメやフードを集めたセレクトショップ「Biople by CosmeKitchen（ビープル バイ コスメキッチン）」のディレクションを務めた佐藤香菜さん。

　その後、独立して多くの企業のブランディングディレクター、コンサルタントとして活躍しながら、世界中を旅して女性を癒すオーガニック＆ナチュラルな製品を探している。

　「リサーチにはヨーロッパに出かけることが多いのですが、今回は、地球環境に配慮したサステナブル（Sustainable：持続可能）なライフスタイルの分野において世界から注目を集め始めているニュージーランドを旅したいと思いました」

　旅の予定がなくとも、行ったことのない国のガイドブックを読んでは、想像をめぐらすのが大好きだという佐藤さん。ニュージーランド在住の知人が書いたガイドブックを開いては、数年前から、自然と共に暮らす現地の生活に思いを馳せていたという。

　「旅は本を読んで妄想しているときから、すでに始まっています（笑）。そうしていると、不思議と現実が追いついてくることがあって、実際に行けることになったり。そこが面白いんですよね」

子供たちと犬が幸せそうな顔をしている

　そして、はじめてのニュージーランドに到着。佐藤さんにとって、ニュージーランドの印象は"子供たちと犬が本当に幸せそうな顔をしている"国だった。

　「日々の生活で大自然を目の当たりにしている人々が生み出した製品や愛用しているもの、その背景にある思いに触れたいと思っています。きっとここでは、我慢や自己犠牲があたりまえになっている日本の女性に必要な製品や考え方が、たくさん見つけられるんじゃないかな」

　旅のきっかけは、リサーチするというのではなく、単に楽しむ読書やSNSから。アンテナに何かがピンとひっかかる。

　「インターネットは素晴らしく便利。実際に体験することを選択していけるように手助けしてくれるツールだと思ってます」

　身も心も内側から癒してくれる、本物のキレイを探すニュージーランドの旅の始まりです。

ニュージーランド
New Zealand

太平洋の南西に位置し、面積は日本の約70％、人口は495万（2019年）、羊の数は2,750万頭（2017年）と羊の数が人より多い。公用語は英語、マオリ語、ニュージーランド手話。マオリ系14.9％、ヨーロッパ系74％、ポリネシア系7.4％、アジア系11.8％など、多種多様な民族が暮らす（複数回答含む）。北島と南島の主な2つの島とスチュアート島ほか小さな島々からなり、壮大な氷河、美しいフィヨルド、険しい山々、亜熱帯の森林、リアス式海岸など、自然が息づく景観が楽しめる。地熱活動の活発なニュージーランドでは、温泉も人気。ラグビーワールドカップで披露されたオールブラックスの「ハカ」は先住民マオリの伝統的な踊り。日本からは最短で約11時間。

オークランド●

ロトルア●

ネーピア●

Tasman Sea

ウェリントン●

NEW ZEALAND
ニュージーランド

South Pacific

オークランド　*Auckland*

ニュージーランド北島にある最大の都市。美しいビーチやハイキングコース、沖に浮かぶ島々に中心地から30分でアクセスできる。オークランド市内から車で40分のところにあるクリーブドン・ビレッジ・ファーマーズ・マーケットでは安くて安全、おいしいオーガニック食材が手に入る。

ウェリントン　*Wellington*

北島南端部に位置するニュージーランドの首都。コーヒーの首都とも言われ、どこのカフェでもコーヒーがおいしい。ニュージーランドでロケをした映画『ロード・オブ・ザ・リング』三部作や『ホビット』三部作のピーター・ジャクソン監督の出身地で、映画の街でもあり、撮影スタジオをはじめ「Weta Cave」ではオフィシャルグッズ販売やビデオ上映もある。

ネーピア *Napier*

北島東岸の港町。世界有数のアールデコ様式の町並みで知られている。ワイナリー、レストラン、カフェも数多くあり、世界的なアートプロジェクト「シー・ウォールズ」が50か所以上に描いた巨大な壁画も有名。カツオドリの群生地もある。

ロトルア *Rotorua*

北島、ロトルア湖の南岸に位置する。間欠泉、カラフルな温泉、泥の温泉がある。神秘的な森林、清らかな小川、マウンテンバイクのトラックなど、アクティビティも充実。マオリ文化が息づき、ロトルア博物館、マオリコンサート、マオリの伝統食「ハンギ」など、豊かなマオリ文化にふれることができる。

Research of Paris, Estonia, Lithuania

フランス／パリ *French Republic/Paris*

フランスの首都パリは200を超える美術館や名建造物を有し、比類なき芸術的、歴史的文化遺産を誇るファション、グルメ、カルチャーの発信地。20の行政区の1つ、11区は市の中央部東に位置する。バスティーユ広場、リシャール＝ルノワール大通り、サン・マルタン運河などの観光スポットのほか、ビオ、ビーガン、グルテンフリーのカフェやオーガニックマーケットがある。日本からは約12時間。

エストニア *Rebublic of Estonia*

バルト海の東岸にあるエストニア、リトアニア、ラトビアはバルト3国と呼ばれ、1940年に旧ソ連邦に編入され、1991年に各国共に独立。エストニアは国政選挙をネットで行うほどのIT立国。ハープサルはエストニア北西の海辺の保養地。薬草成分を含む天然泥が人気。パルヌの泥風呂には180年もの歴史がある。

リトアニア *Rebublic of Lithuania*

首都ビリニュスの旧市街には、ゴシック、ルネサンス、バロック様式の建造物が多く、ユネスコの世界遺産に登録されている。日本のシンドラーと呼ばれる杉原千畝がユダヤ人にビザを発行し続けたカウナスの旧領事館は記念館になっている。バルト海沿岸で産出される琥珀はバルチックアンバーと呼ばれ、昔から、装飾品だけでなく薬用としても使われていた。

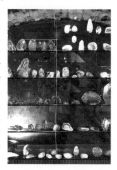

本物のキレイ

オークランド、
私だけに調合されたハーブボトル

壁一面にハーブボトルが並ぶTonic Room

　ニュージーランド最大の都市、オークランド。美と健康のトレンドはいつもこの街から広がっていく。オーガニックの最新情報をリサーチするため佐藤さんが訪ねたのは、女性の美と健康がテーマの人気のビューティーショップ、Tonic Room（トニック・ルーム）。

　自然由来のコスメやバスグッズなど、選りすぐりのものが揃っている。壁一面には、ハーブが入ったボトルがずらりと並ぶ。「わぁ、テンションあがる！　小瓶に入ったハーブを見るとワクワクするんです。同じ植物でもその土地土地で全然違うんですよ」

　ここでは、お客さまの悩みを聞いて、専門知識を持つスタッフがおよそ40種類のハーブの中から、その人のためのハーブティーを調合してくれる。

　佐藤さんは日本女性の多くの悩みである、大人ニキビについて相談してみた。「それなら、タンポポの根がいいと思います。それにカレンデュラを合わせますね。肌荒れを抑えてくれると思います」

肌のトラブルや不眠はストレスが原因！？

　ここを訪れるニュージーランド人で最も多い悩みを聞くと、肌のトラブルや不眠など、ストレスが原因となるものが多いという。そんなストレスの悩みにも、この

ハーブボトルが壁一面に並ぶ

マイボトルを調合

量り売りのお米が並ぶ

お店は頼もしい。スペアミント、レモンバーム、ラベンダー、カモミール、パッションフラワー、アシュワガンダなど6種のハーブから、その人に合ったものをブレンドしてくれる。

また、ハーブから抽出した濃縮エキスも悩みに合わせて調合。ドリンクにしてそのまま飲むのだという。

「わぁ！ 毒みたいな色してる（笑）。植物の強烈なパワーが凝縮してますね。これは効きそう！」

癒しの力に満ちているオーガニック

そもそもオーガニックとは、有機栽培・有機農業のことで、農薬を使わず栽培される植物は、ありのままの状態で育っていく。つまり、自らが害虫を避けるために強い香りを放ち、自らが雨風に耐えるために強い根を張り、養分を吸収して力強く成長していくのだ。そんなオーガニックで育ったハーブは生命力がパワフルで、香りや効能、心を癒す力が強いと考えられている。

「日本でオーガニック製品だけあつかっているお店にお客さまが入ってくると、第一声で『癒される〜』っておっしゃる方が多いんです。ここはまさにそんな感じ。癒しの力に満ちていますね」

佐藤さん自身の悩み、肩こりには筋肉をほぐすと言われるリコリス、パッションフラワー、アシュワガンダの3種類が調合された。

「これは私のボトル。私だけのためのものっていうスペシャル感がうれしい。こういう風にハーブを買えると、自然をかけがえのない味方のように感じられて素敵ですね」

エシカル（倫理的）なライフスタイルを選ぶ

裏のガーデンで育てたハーブを使って

　オークランドで次に訪れたのは、地元の食材にこだわる人気のカフェLittle & Friday（リトル・アンド・フライデー）。佐藤さんがぜひ来たかったお店だ。季節ごとに変わるスイーツは、レシピ本も発売されるほどファンが多い。

　佐藤さんが食べたのは、パブロバと呼ばれるニュージーランドの名物ケーキ。大きなメレンゲの生地に生クリームと季節のフルーツがたっぷりと載っている。

「思ったより甘くなくて、サクサクした食感がクセになる」

　このお店のオーナーはキム・エバンズさん。材料にもこだわりが感じられる。

「フルーツは、すべて地元で採れたもの。旬の食材を仕入れています。卵は放し飼いで育てた鶏のものしか使いません」

　スイーツを彩るエディブルフラワー（食べられる花）やハーブは裏のガーデンでエバンズさんが育てている。

重要なのはエシカルかどうかということ

「大切にしているのは、目の届く範囲でていねいに育てられたものを使うこと。重要なのはエシカルかどうかってこと」

　エシカル（ethical：倫理的な）とは、人や環境に配慮するという意味でニュージーランドを知る上では欠かせない言葉だ。

　たとえば、売れ残ったブリオッシュは、フルーツやカスタードを加えたパンプディングへと生まれ変わる。食材の廃棄を減らすためだ。

「ビジネスも地域にいい影響を与えるべき。エシカルなビジネススタイルも可能だってことを伝えたいわ」

　エシカルな考え方は飲食業界に限ったことではない。首都・ウェリントンでも、その流れを感じさせるスポットは多く存在する。2007年に設立されたKowtow（カウタウ）は、ミニマルなデザインで大人の女性たちに支持されているエシカルでサステナブルなファッションブランドだ。

　こちらであつかう服はすべてオーガニックコットン。ボタンは麻で作られ、金属ボタンならニッケルフリー。デニムもサステナブルな染め方、天然染料を使っている。デザインの良さも素材へのこだわりも、妥協しない。佐藤さんはワンピースを何枚か試着してみた（81ページ上）。

「オーガニックコスメと食品に携わるようになって、関心の幅が広がりました。これからは、生活全般をトータルで整えられるような商品を探していきたいです」

　大切にしたいのは、ていねいで心地よい暮らし。それは、自分のことだけでなく、環境も含めてエシカルをモットーとするこの国のライフスタイルにピタリとはまった。

「こんなにかわいくて、それが自然環境のためになるなら、選ばない理由はもうありませんよ」

パブロバはメレンゲ主体のニュージーランドの名物ケーキ

サクサクのパブロバ

残ったブリオッシュをパンプディングへ

本物のキレイ

オーナーのエバンズさんの裏庭。ハーブはここで摘む

SNSで大人気、
エコラップ工房を訪ねてネーピアへ

ファーマーズマーケットで試しに販売

　続いてはオークランドから南へ400キロ、美しい海岸の町、ネーピアへ。こちらにカラフルなエコ雑貨を作る工房があるという。

「いち早く日本で売りたいと思っているブランドです。ていうか、自分が買いたいくらい（笑）」

　佐藤さんがSNSで見つけたのは、食品用のラップ。一年間くらい繰り返し使える布製のエコラップだ。

「すでに日本で買える商品もあるけど、個人的にはいちばんここのラップが器にピタッと密着するから好き。今回は生産者の方に会いに来ました」

　迎えてくれたのはミコ・ハヤシさんとステイシーさん。夫婦ふたりで作り始めてファーマーズマーケットで販売したところ、SNSで大人気になり、2年前にLily Bee Wrap（リリー・ビー・ラップ）を立ち上げた。

原料はすべて天然由来でハンドメイド

「柄はシロクマやハチドリなどかわいらしいものからシックなものまで20種類くらい。普通のラップと同じように野菜やお皿やボウル、何にでも使えます。SNSを見て一目惚れしました」

　原料はすべて天然のもの。ココナツオイルと蜂の巣から採れる蜜蝋、樹液を混ぜたものを布に塗って乾かせばできあがり。

「汚れたら冷たい水で洗ってください。洗剤を使っても大丈夫」

　工房内では、スタッフたちが一枚一枚手作業で布に材料を塗り、乾かしている。

　ご夫婦宅へおじゃまし、家庭での使い方を見せていただく。冷蔵庫を開けると、庫内がカラフルでとても楽しくなる。

　チーズやフルーツをそのまま包んだり、容器の蓋代わりにしたり、折り紙みたいにカップ型に折っておやつを入れたり……。蜜蝋には抗菌作用があり、食品も長持ちするのだとか。

「お弁当箱代わりにもなるし、手作りの

オーナーのミコ・ハヤシさんとステイシーさん　　　手作業で布に塗る

お菓子をプレゼントするときの包装紙代わりにも素敵！ これもらったら嬉しいなぁ」

エコに励むのではなく、エコを楽しむ

　商品開発のアイデアを得るために、ミコさんの仕事仲間がインターネットで調べたのは、なんと日本の風呂敷だった。「楽しむために作ったものです。使い方や折り方は自由なんです」

　自宅のゴミを減らすために夫婦で作り始めたラップが、今では海外から注文が入るほどになった。さらに、手にしたユーザーがSNSで新しい使い方を発信することで、エコラップの輪が広がっている。彼らが目指しているのは、ポジティブにエコに取り組んでもらうことだ。「楽しくて、喜んでもらえて、誰もが身近に取り入れられるものを作りたいんです」

　エコに励むのではなく、楽しむ。想像力を掻き立てられるようなニュージーランドの人の遊び心に共感する佐藤さん。

明るい日差しの工房で楽しく仕事する

乾かすのも手作業

カラフルなエコラップ

本物のキレイ

FORAGE
& FERMEN[T]

alive. raw. wild f[...]

FORAGE
& FERMENT
raw. alive. wild culture

マオリハーブ、カワカワが入ったザワークラウト!

Running Brook Seed[s]

TRADITIONAL FIRST QUALITY NON HYBRID SEED, NATURAL[...]

Edible Flowers

ORGANICALLY GROWN
nasturtiums
calendulas
borage

伝統的でハイブリッド。エディブルフラワーの種

CaliW[oods]

[...]iwoods.co.r[...]   [...]Woods Eco

STRAWS
WITHOUT THE PLASTIC

展示会でみつけたステンレスストロー。
サイズもいろいろある

Mission 4

ファーマーズマーケットで発見する
新しいオーガニック

ファーマーズマーケットで見つける

　オークランド郊外、毎週日曜日に開かれる Clevedon Village Farmers Market（クリーブドン・ビレッジ・ファーマーズ・マーケット）へ向かう。地元の生鮮食品や加工品が豊富に並んで、どれもおいしそう！

　ニュージーランドだけに自生するマヌカの花のハチミツ、マヌカハニーは、最近、日本でも注目されている。

　「道端にたくさんのマヌカの花が咲いていて驚きました」

　マーケットの人気商品、Forage & Ferment（フォリッジ・アンド・ファーメント）のワイルドクラウトシリーズは、マリーゴールド、カワカワ、たんぽぽ、キンレンカなど地元の食材や自前のガーデンで採れたものを使ったシリーズで、数々の受賞歴もある手作りの瓶詰め食品だ。

　佐藤さんは、Running Brook Seeds（ランニング・ブルック・シーズ）のエディブルフラワーの種が気になった。

期待は使い回せるステンレスストロー

　「気になるものは即購入。めちゃくちゃ楽しい仕事（笑）」

　街のカフェで、日本でもアンテナにひっかかっていた商品を発見する。

　「使い捨てじゃない金属でできたステンレスのストローです。プラスチックによる海洋汚染が問題になっているので、日本では紙のストローが増えている。だけど、紙だと飲んでいる間にぶよぶよになっちゃって」

　世界的に進むプラスチックストロー廃止の動き。ステンレスストローが流行っているニュージーランドで、佐藤さんは取引先を見つけたいと考えている。

　そして次に訪れたのは、展示会。2年前にステンレスストローのオンラインショップを始めた Cali Woods（カリウッズ）の代表シェイ・ローレンスさんとの商談が目的だ。

　「普通のドリンク用、スムージーやタピオカミルクティー用、カクテル用とサイズも長さも豊富です。軽くすすいだ後、食洗機で洗えますし、付属のブラシも使えます。私はどちらかというと、飲食店にこれを卸したいですね。ストローの消費量が一番多いところから攻めていきたい」

　佐藤さんは、ひとまずサンプルを持ち帰って卸し先を検討することにした。

　続いて、地元の人におすすめされたオーガニックのセレクトショップ B Organics（ビー・オーガニック）へ。お米やパスタは量り売りで、食料品はすべてオーガニック。竹の繊維でできた絆創膏や歯ブラシといったエコ雑貨も充実している。

　「日本に持ち帰りたいものや考え方がどんどん増えていきます」

本物のキレイ

聖地、ロトルアでマオリハーブを知る

マオリの文化が色濃く残るロトルア

「今、マオリハーブにすごく興味があるんです。子供の頃読んだ本に出てきたんですが、最近またよく耳にするようになって」

ファーマーズマーケットで見つけたザワークラウトにも入っていた"カワカワ"も、代表的なマオリハーブだ。

ニュージーランドの先住民マオリは、森のハーブを生活に取り入れて暮らしてきた。彼らの薬草の知識が近年、世界でも注目を集め、マオリハーブを使った食品やコスメが増えている。

マオリハーブを知ることが、佐藤さんの今回の旅の目的のひとつでもある。

そこでやって来たのは、マオリの文化が色濃く残るロトルア。

2,500エーカー（約1,011ha）の広大な敷地に建つ Treetops Lodge & Estate（ツリートップス・ロッジ・アンド・エステート）を宿泊先に選んだ。

携帯の電波はもちろん圏外。ゆっくり過ぎていく時間を感じられる5つ星ホテルだ。

「ここでは、日本では聞いたことのない鳥の鳴き声だけが BGM。マオリハーブを使った伝統料理をいただけて、マオリハーブのトリートメントメニューもあるそうです」

カワカワ、ピコピコが自生する森へ

さっそく、マオリの血を引く女性、デボ

ラ・スタームさんに樹齢800年の木が
残る森を案内してもらう。

「ほら、美しいのを見つけましたよ」

　生い茂る草木の中に万能ハーブとして
知られるカワカワが自生している。

「子供の頃、怪我をすると、いつもおば
あちゃんがカワカワを貼ってくれたんで
す。葉っぱを千切ってそれを揉んでね」

　そして、ピコピコ。シダの一種の新芽
でビタミンやミネラルが豊富で、マオリの
人々の貴重な栄養源とされてきた。

「これはホロピトといいます。皮膚の感
染症になったとき、使ってました」

　乾燥させたホロピトを細かく砕いて飲
んだり、直接貼って使ったりしていたとい
う。こうした森の薬草の使い方は、先祖
代々伝えられてきたものだ。

「これ、お風呂に入れてもよさそう。手
湿疹のときにホロピトを浸したお湯に
手を入れるとか」

「よいアイデアですね。熱いお湯に浸す
のは効果的かもしれません」

マオリハーブを使ったコスメブランド

　太古の森をめぐった後、佐藤さんは
マオリハーブを使ったコスメブランド
Evolu（エヴォル）を訪ねた。

　代表のカティ・カーザさんが自身の肌の
悩みをきっかけに1997年に立ち上げた、
自然由来の成分にこだわったブランド。

　カワカワが入った敏感肌用クリームも
人気商品のひとつ。オイルは顔と体と
髪、全身に使える。思わず深呼吸したく
なるような高貴な香りが愛おしい。

「カワカワの葉はハートの形をしてい
て、妊娠したい女性がベッドに忍ばせた
りするそうです。なんてスイートなお話！」

　太古の森が息づくニュージーランドで
出会ったのは、先祖代々受け継がれて
いるエシカルなライフスタイルだった。

万能ハーブ、カワカワ

シダの一種の新芽、ピコピコ

皮膚の感染症に効くホロピト

先祖代々伝わっているの

パリのホテルにて、持参のコスメ

パリの大好きなBIOスーパー

パリ、カフェオーナーのアンジェルさんと

エストニア、薬局内観

最前線のパリ、エストニアの泥、リトアニアの琥珀

オーガニック最前線、パリをリサーチ

「一番住みたいのはどこ?」と聞かれたら、佐藤さんは間違いなく「パリ!」と答える。

「"私は私"という自信を持ち個性を尊重する（フランスの）国民性が素晴らしいし、パリには女性の『かわいい!』をくすぐる小さなお店がたくさん。また、食品にとどまらないオーガニックの最前線をリサーチできる街でもあります」

パリに行くと、佐藤さんはまず、オーガニック専門のスーパーマーケットに行く。壁一面をお米やシリアルの量り売りコーナーにするなど、売り方までおしゃれで参考になる。お母さんが赤ちゃんを抱っこしながら簡単にあげられるベビーフードなど、商品も使い勝手を考慮されたこだわりの品々が揃う。エコバッグも持ち歩きたくなるかわいらしさだ。

トレンドの発信地11区では、グルテンフリーやオーガニックのカフェ、栄養を最大限に生かすため加熱をあまりしないローフードの飲食店などが人気。また、食以外でもオーガニックコットンを使ったベビー用品や塗料まで、素材、成分、製法にこだわった店が立ち並ぶ。

「パリのオーガニックストアには『この空間に住みたい!』って単純にあこがれちゃうセンスのよさ、美しさがあるんです。オーガニック食品を食べてる人が住環境にもこだわり始めるのは自然なことですから」

海の恵、エストニア・ハープサルの泥

さらに、日本にないものを探すために、知る人ぞ知るオーガニック先進国エストニア、リトアニアへと向かう。

海の恵みを生かしたエストニアの美容法が気になっていた佐藤さんが、まず訪れたのはエステサロン。今回、彼女が目をつけたのは地元の海で採れた泥。豊かな海流が流れ込むハープサルの泥には、女性を癒す成分がたっぷりなのだ。

「地元で古くから体を癒すために使われてきて、19世紀に噂が広がり保養地として発展したそうです。肌に塗るとじんわり温かい……」

ここに日本人が来たのは初めて。香菜さんが一人目ですよ！ という店員さんのことばに、佐藤さんにも笑みがこぼれる。

太陽の石、リトアニアの琥珀コスメ

つづいて訪れたのはリトアニア。お目当ては、リトアニアが誇る名産品、樹液が数千万年という時をかけて化石化した琥珀だ。リトアニア人は琥珀を「太陽の石」と呼んで大切にしてきた。専門店には装飾品だけでなく、琥珀を使った石鹸やオイル、琥珀を削ったパウダーを水で溶いて塗る美顔パックもある。喉や胃腸に効く琥珀のお酒をさっそく試飲する佐藤さん。

「薬草酒みたいな味。琥珀の効能、品数共に想像を超えてます」

計30点もの琥珀商品をサンプルとして購入すると、ホテルに戻り、次々に試していく。その潔さは清々しいほど。

「琥珀の石鹸はホイップクリームみたいにふわふわの泡。手触りは期待以上ですね！」

琥珀コスメに可能性を感じた佐藤さん。果たして採用なるか？

エストニアの薬局。文字にもらしさが

ハープサルの泥パック

本物のキレイ

リトアニアの琥珀博物館

リトアニア、琥珀のお酒

女性の悩みに添うことが仕事の原動力

店頭で自分で試してみると商品のカテゴライズができるようになる

私がはじめてオーガニックの化粧品を使ったのは高校生のときで、アルバイトをして貯めたお金で海外のコスメを買い集めるのが大好きでした。

職業として、化粧品に携わりたいと思ったのは、自分がOLに向いてないと痛感したときです（笑）。

そのときは、現在のように商品開発だとかブランディングだとか具体的な職種はわかりませんでしたが、ただただ「大好きな化粧品がたくさんあるところで働きたい！」と思いました。

そこで、会社を辞めてアルバイトを始めたのが「コスメキッチン」。20代前半だったと思います。

希望どおり、お店には化粧品がいっぱい。うれしくて毎日さまざまな化粧品のテスターを試しました。

よくSNSなどで「どうやったら、香菜さんのような仕事に就けますか？」と若い女の子から聞かれますが、私は迷わず「まず、店頭で働いてみて！」と答えます。そして、売り場に並んでいる化粧品のテスターを試しまくってほしい。

なぜなら、たくさんのコスメを使うと、テクスチャーや使い心地、発色やツヤ、成分などの"違い"を体感できます。そのことで、化粧品を瞬時に「カテゴリー化」できるようになるのです。これって若い頃に自腹で学ぶのはとても困難。店頭で働けるって、それだけでラッキーなんです。

また、売り場で働くとお客さまと直にコミュニケーションできますね。つまり、お客さま

欲しいものや悩みをうかがえるんです。

何千何万の悩みを聞いて。
毎日の接客がマーケティングになっていた

「何を使ってもヒリヒリする」「テカらない保湿剤が欲しい」「ニキビが長年治らない」……これまで、何千何万のお悩みをうかがってきたかわかりません。そのとき、自分の中で商品のカテゴライズができていれば、お客さまに最適な解決策をご提供できます。

そして、もうひとつ。店頭で働くとお客さまの行動パターンを見ることができます。

コスメショップって本屋さんと一緒で、時間潰しに来る方も多いんですよ。そんな方々が、どんな順路で店内を回られるか、どんなディスプレイやデザインの商品を手に取ってくださるか、実践的に学ぶことができるんです。

「ビープル バイ コスメキッチン」の
立ち上げを任されて

私は、売り場に3年勤めてから新店舗の立ち上げを任されました。ショップ名からコンセプト、ラインナップまで、すべて任され、もちろん大変戸惑いました。

ただ、そこでいちばんに感じたのが、これまでお客さまからうかがったお悩みに答えられる店舗を作りたいということでした。

そうして誕生したのが、国内外から集めたコスメやフード、生活雑貨まで、こだわりのオーガニックアイテムが揃う「ビープル バイ コスメキッチン（Biople by CosmeKitchen）」です。

そして、ビープルが18店舗となった2018年、ビープルを展開するマッシュビューティーラボから独立してフリーランスになりました。オーガニック&ナチュラルな商品にかかわりつつ、自分らしく仕事をしています。

ニュージーランドの旅でも感じましたが、「女性たちの悩みに添うこと」が、私の仕事の原動力になっていますね。

本物のキレイ

伝統的なものに新しい視点をプラスしたものに惹かれる

トレンドを知る、ドイツの展示会Biofach

　ニュージーランドでの買いつけのように、ファーマーズマーケットやカフェなどの店舗のリサーチだけでなく、年に数回、海外のオーガニック製品の展示会に行きます。展示会では、これまでも多くの商品を見つけてきました。

　パリ、リトアニア、エストニアの旅の後に、ドイツ・ニュルンベルクで開催された展示会Biofach（ビオファ）に向かいました。

　とにかく巨大なホールに並ぶのはすべてオーガニックの食品、化粧品、雑貨！　さすがドイツ、「オーガニック天国、ここにあり！」といった感じです。ここは毎年新しいプロダクトに出会い、その年のトレンドを知る場所となっています。

　店舗のリサーチでは、気になったものはどんどん購入して宿泊先で試しますが、展示会では初日は会場で"目が合った"商品をチェックだけしておいて、2日目以降にそのブランドとアポイントを取り、スタッフの方々と商談をします。まぁ、まずは、探り合いといったところでしょうか（笑）。

食品、化粧品の輸入には高い壁がいくつもある

　海外の商品を日本に輸入するときに発生する諸々のコスト、含有成分の表記法、国によって許可される成分の違いなど、日本での商品化には数々の壁があります。

　思わず手に取りたくなるようなパッケージを、日本のマーケット向けに作り変えることもあります。

　たとえば、今回、ニュージーランドで見つけたエコラップは、日本の店舗に並べる

ことを具体的に想定すると、ホコリの付着を防ぐ包装を考えないといけないですね……。

　ピンとひらめく恋のように売りたい商品に出会いますが、その後に続くのはとても地道な作業だったりしますね。

日本に向けての商品化はさらに高い壁が

　エストニア、リトアニアの旅では商品開発に努めました。

　まず、ハープサルの泥の商品開発をしているタリン大学ハープサルカレッジに泥の化粧品を見に行ったんです。泥は天然のものなので、その成分が人体に悪影響がないか研究を重ねて開発されたのですが、できあがったマッサージクリーム、石油由来の成分が入っちゃってて……。

　私としては、どうしてもオールナチュラルの泥パックが欲しかったので、日本での商品化にはまだまだ時間がかかりそうです。

また、リトアニアの琥珀ですが、こちらは地元のオーガニックコスメ会社とタッグを組み、日本人向けの開発も検討しました。

ヨーロッパでは化粧水を使わない人もいますが、日本人はインナードライ肌の女性が多いから、たっぷり使える化粧水が必要。そこで、日本で人気の商品を見せて作りたいイメージを伝えました。

すると、リトアニアの鉱泉水と琥珀を使った化粧水にしようという新たな発想が誕生して、開発の興味深さを感じました。

私は、原始的、伝統的なものに新しい視点をプラスした製品が好きなんです。ブランドヒストリーや生産者の想いも一緒にお客さまにお届けしたいので、そういった意味でも妥協できないんですよ。

本物のキレイ

海外で見てきたことをシェアしていきたい

この10年で日本のオーガニック事情は変わってきた

　私が店舗にいた頃は、まだオーガニック製品が買える場所も少なく、オーガニック人口を増やそうと企業もがんばっていましたね。この10年で、日本のオーガニック事情はずいぶん変わってきたと思います。

　今はSNSが普及して、消費者がとても敏感です。私も海外の新製品をインスタで見つけることが多いですから。

　そこで問われるのが「企業はどうあるべきか?」ということだと思います。

　ディレクションや商品開発の仕事に携わってきたことで、さまざまな国の企業や伝統文化、新しい考え方に出会うことができました。SDGs（持続可能な開発目標）もそのひとつです。そこで芽生えたのが「日本の企業にも環境に配慮してほしい!」という理想です。

　この理想を実現することが、現在の私の仕事につながっています。

　また、ニュージーランドでも実感しましたが、自然と触れ合いながら暮らしている

子供たちがとても幸せそうな顔をしている。日本だと真面目さからみんな頑張り屋さんで、大人になっても身を粉にしてしまうところがある。幼少期の環境ってとても大切ですから、いつか幼児教育にも携わってみたいです。

　これからも、世界を旅して見つけた素晴らしいものを、みなさんにシェアしていきたいと思っています。

日本の伝統食は完璧。
旅にいつも持っていきます

　お湯があれば、いつでもおいしいスープが食べられる「あわたまオニオンスープ」。ファミュのシートマスクは香りが最高なので宿泊先でリラックスしたいと

きに使用しています。旅先で肌の調子がいいと気分よく仕事できます。

　長旅が多いので飛行機の中でマッサージができるローズクォーツのローラーとカッサ。あごから頬にかけて、けっこう凝っているので。疲れがシャキッと取れるバイオ・ノーマライザーの「青パパイヤ酵素」も持っていきます。水を使わず飲めるし、即効性があるので旅の必需品です。ほかにも時差ボケに効くエッセンシャルオイルとサプリメント。そして、鹿児島産の自然栽培在来種「梅肉エキス」。これを舐めながらパリの街を歩いたこともあります。旅先の元気の素として、日本の伝統食は完璧です。

10 QUESTIONS

---

❶ 子供の頃の夢は何?

なりたい職業はとくになかったけど、何かを
創りたいとはずっと思っていました。

❷ 今の仕事を知ったのはいつ? なぜ惹かれたの?

働き始めてから自然に、人生がこういう方向
に動いていった感じです。

❸ 駆け出しの頃に役に立ったアドバイスは何?
　あるいはその頃の自分に言ってあげたいことは?

「焦らなくても大丈夫。流れに身を任せて
目の前のことを着実にこなしていけば楽しく
なっていくよ」

❹ 自分の性格でいちばん自慢できるところは?

ネガティブな出来事も何でも笑いに変えちゃ
うところ。ストレスだと思った感情は次の日に
持ち越しません。

❺ キャリアや仕事のために払った最大の犠牲は?

犠牲とは思ってませんが、やはり仕事には莫
大な時間を費やしてきました。

❻ 夜眠れなくなるような不安や悩みはある?

仕事のことを考えて、目が冴えてしまうことが
たまにあります。

❼ 仕事をする上で大切にしていることは何?

心から正しいと思えることを、納得
のいく方法で進める。

❽ リフレッシュはどうやってする?

どんなに忙しくても食事をきちんと取りま
す。たまに一人旅に出て、一人の時間を楽し
みます。

❾ 世の中にもっとあってほしいモノは?
　減ってほしいモノは?

もっとあってほしいのは、休む時間。減って
ほしいのは、悩む時間。

❿ 明日、やりたいことは何?

もともと入っている仕事のスケジュール以外
は、明日の気分で決めます。

本物のキレイ

佐藤香菜 *Kana Sato*

「コスメキッチン」のスタッフ、店長を経て、「Biople by CosmeKitchen(ビープル バイ コスメキッチン)」の立ち上げと
ディレクションを担当。現在は多数の企業にかかわるフリーランスのブランディングディレクターとして活躍。

photo:広川智基　佐藤香菜　　text:村井砂織　　撮影協力:INUA

桑折敦子さんと行く

メキシコ
未知のスープ
の旅

スープ専門店のメニュー開発で150種類以
上ものレシピを手がけてきた桑折敦子さん。
はじめてのメキシコでは地元の食堂や居酒屋
を食べ歩く。甘い、辛い、酸っぱいをカス
タマイズするメキシコの食の旅の始まりは、
色鮮やかな食材があふれる市場から。

想像を超えた味に
出会うために旅に出かける

メキシコは、辛い、甘い、酸っぱい!

「知っているようで知らない国のことを知りたいんです。メキシコ料理店は日本にもたくさんありますが、アメリカ経由で入ってきた店舗が多いんですよ。今回は、メキシコの先住民が日常的に食べているものを実際に味わいたくて、この旅を決めました」

創作のヒントとなるものはいつも意外なものばかり。気になったものは、とにかく食べてみることが大切だと言う桑折さん。「これをスープにしたらどうなるかな?」と考えながら、旅先では少なくとも1日8〜9軒は食べ歩く。

「自分の引き出しをいっぱいにするために、旅をしている感じです。メキシコは辛い、甘い、酸っぱいなど、いろいろな風味が混ざって、おいしいものにあふれている! そんなイメージです」

これまで、機会をつくっては台湾、韓国、ベトナム、シンガポール、ラオス、インド、ネパール、スリランカ、スペイン、トルコ、イタリア、フランス、ベルギーなど、東南アジアやヨーロッパを中心にさまざまな国を旅してきた桑折さん。メキシコは、彼女にとってはじめての旅となる。

明るく陽気な人々、カラフルでコロニアルな町並み、そして、世界無形文化遺産に登録されているメキシコ料理にも、まだ日本で知られていない最高の味があるはず。

SNSやブログを入念にチェック

旅のリサーチはSNSやブログを入念にチェック。そこで得た料理画像をプリントアウトして、お店ごとにまとめておくというこだわりよう。

「旅のガイドブックやネット検索だけに頼ると、実際に食べに行ってもピンとこない場合も多いんです。だから国内外で自分と好きなお店が同じだったり、味覚やセンスが似てると感じる人、または、現地で修業しているシェフたちのSNSやブログをチェックして、彼らが実際に通っているお店を探します。料理画像のスクラップは言葉が通じなくても確実に注文できるし、タクシーの運転手さんに行きたいお店を伝えるときにも便利です。現地のお店の人が欲しがるくらいクオリティ高いんですよ(笑)。食べたいものは絶対に逃したくないので、旅行前のリサーチは真剣です」

「おいしい」と「こんにちは」は現地の言葉で

言葉は「おいしい」と「こんにちは」を知っていれば大丈夫。あとは身ぶり手ぶりと困った仕草、今ならWi-Fiさえつながっていれば、翻訳アプリがなんとかしてくれる。

今回、メキシコで桑折さんが試したいのは、日本では知られていない先住民の味。現地に行かなくては出会えない究極のおいしさを探す旅の始まりです。

自分の引き出しを
いっぱいにするために、
旅をしている。

メキシコ *United Mexican States*

面積は日本の約5倍、人口約1億2,619万人、首都はメキシコシティ。公用語はスペイン語。国民の9割がカトリック。西は太平洋、東はメキシコ湾とカリブ海に面している。紀元前12世紀頃よりオルメカ文明が栄え、マヤ文明やトルテカ文明など、各地で先住民による都市国家が築かれる。1519年、アステカ文明が栄えた時期にスペイン人が侵入し、300年にわたり植民地に。7000年前から伝わる伝統的なメキシコ料理はユネスコの無形文化遺産に登録された。広大な国土に数多くの遺跡が残り、郷土料理が発達している。日本からは直行便でメキシコシティまで約13時間。乗り継ぎの場合は16～19時間。

Gulf of Mexico

MEXICO
メキシコ

● メキシコシティ

● プエブラ

● オアハカ

Pacific Ocean

メキシコシティ *Mexico city*

メキシコの首都。アステカ王国の首都テノチティトランの上に建設された街。標高は2,250m。古代遺跡とコロニアル建築の両方が見られ、5つの世界遺産がある。近隣の遺跡や観光地への拠点になる。テオティワカン遺跡へは車で40分。

プエブラ *Puebla*

16世紀にスペイン人によって築かれた高原の街。タイル模様が特徴的なヨーロッパ風の街並みが美しい。メキシコシティから東に車で約2時間。

オアハカ *Oaxaca*

オアハカ州の州都。南シエラマドレ山脈の中の1,550mの高地に位置する。サポテコ、ミシュテカ、アステカなど、メキシコの中でも先住民族の人口比率が40%と最も高い州。食文化も特色があり、モーレ、オアハカチーズなどが有名。色鮮やかな街並み、祭りやパレード、民族衣装、工芸品も魅力的。映画『リメンバー・ミー』の舞台のモデルになった。

リサーチはその土地の
食材が並ぶ市場から

市場は未知の世界の入り口

　最初に訪れたのは、首都・メキシコシティ。桑折さんは現地に着くとまず市場を訪れ、その土地の食材に触れる。

「市場に行くと、その国で多く使われている食材がわかります。レストランで知らない料理を食べたときにも、材料は何かイメージしやすくなるんです」

　今回の旅の同行者は、一緒にレシピ開発をしている須山裕之さん。海外の有名店で料理修業をしてきた彼と、素材から新レシピのヒントを探します。

「あったよ、チレ。やっぱり日本のトウガラシとは存在感が全然違う！」

　市場に並ぶ山盛りのチレはメキシコ料理のマストアイテム。肉の厚さや色、辛さの度合いから香りまで、種類が豊富で料理によって使い分けられている。

市場の人が一番おいしい食べ方を知っている

「この緑の植物はなんだろう？」

　現地の市場には、いつも思いがけない出会いがある。チレの次に目に留まったのは、食用ウチワサボテン。メキシコでは昔からなじみの食材だが、現在は世界で注目のスーパーフード。ダイエットや美肌にもよいのだとか。

「サボテンは、どうやって食べるの？」
「肉と焼いて食べると最高です」

　市場で働く人々に、気軽に話しかける桑折さん。

「市場の人って、親切で気前よく味見させてくれる（笑）。そしてその野菜の一番おいしい食べ方を知っているんです」

　世界の市場をめぐって知ったのは、一年中同じ食材が揃うのは日本くらいだということ。

「この緑のはトマト？　日本では見たことない！」

　太陽が燦々と降り注ぐメキシコは、新鮮な食材であふれている。とりわけ市場は未知すぎてとても楽しい！

何種類ものチレ（トウガラシ）が山積みに

スーパーフード、ウチワサボテン

酸っぱいの素になるトマティーヨ（ナス科ホオズキ属）

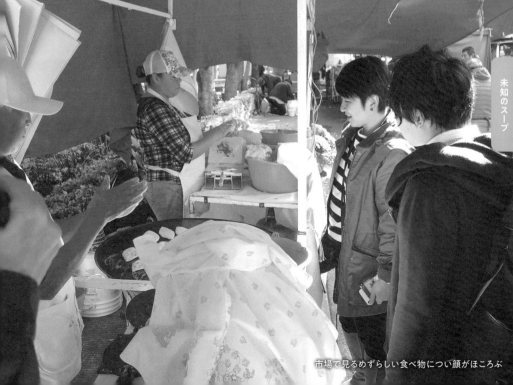

市場で見るめずらしい食べ物につい顔がほころぶ

メキシコシティ、
朝の食堂、昼の居酒屋

朝5時半から生演奏に肉料理

　最初に訪れたのは地元の人に愛される定番料理を食べられるお店 Fonda Margarita（フォンダ・マルガリータ）。午前5時半から開店するこの店では、なんと朝から生演奏が入り、みんな賑やかに食べている。50年以上受け継がれるこの店の味を求めて通いつめる常連客も多い。

　メニューは巨大な陶器の鍋で煮込まれたソーセージやスープ。真っ黒いオムレツのような豆のペーストなど、けっこう重め。メキシコでは、朝からしっかり食べるのが一般的なのだそう。

「おお！ 朝からタコス食べるんだ」

　自分たちの席を離れ、周りの人々が食べている料理をチェックする桑折さん。

　料理を注文すると、かならず一緒に出てくるトルティーヤは日本でもおなじみのトウモロコシから作る薄焼きパン。これで具材を巻けば、メキシコ人のソウルフード、タコスのできあがり。

人気メニューの「チラキレス」

　このお店の人気メニューは、揚げたトルティーヤに野菜のソースをかけて目玉焼きをのせた「チラキレス」。

「残ったトルティーヤがもったいないから揚げて活用してる。おいしい！」

　見た目はボリューミーだが、軽い酸味が効いてさっぱりとして食べやすい。

「この酸っぱいのは、お酢ですか？」

「トマトの酸味だよ」

　先ほどの市場で見つけた緑のトマト、トマティーヨが酸味の素。

「日本のトマトはこんなに酸っぱくないけど、この酸味は新作スープにぜひ取り入れたいですね！」

検索で見つけた人気居酒屋 Cantina

　旅先ではとにかく食べ歩く桑折さん。次は地元の老いも若きもが集うカンティーナと呼ばれる人気居酒屋 Cantina La Reforma（カンティーナ・ラ・リフォルマ）へ。

　この店は日本のテレビ番組で知り、居酒屋検索を重ね、スタッフの情報を元に運良く探し当てたお店。80年以上続く老舗店だ。

　昼間でも、アルコールを1杯注文すると料理が1品無料でついてくるシステム。ビジネスマンから地元のへベレケさんまで、みんな楽しそうに飲んで食べている。

「おいしいものを探しつつ、あわよくば、地元の人たちと戯れたい（笑）」

　ここの店でも、桑折さんはほかのお客さんに声をかけまくる。

「それ、何を食べているの？ おいしい？」

「焼いた牛肉をトルティーヤで巻いたもの。あげるよ。サルサとライムをかけて食べてみて」

煮込みの大鍋は陶器製

人気メニュー「チラキレス」

朝からお肉もしっかり食べる

豆のオムレツ?

　常連客が食べているものは、おいしいに決まっている。彼らが注文している野菜スープを頼むと、その風味は意外とシンプル。自己流にアレンジして味を完成させるのがメキシコスタイルだ。
「うん、やっぱりライムだね。搾ると断然おいしくなる!」
　トマティーヨにライム。メキシコ料理の"酸味"に食指が動いた桑折さん。果たして新作スープのヒントとなるのか?

隣の客に食文化のリサーチ中

分けてもらって試してみる

やっぱりライムだね

世界のレストランで
メキシコ人が活躍する理由

ソウルフード、タコスはカスタマイズが基本

つづいて夜はメキシコ好きの友人にすすめられたタコス専門店 Taqueria Los Cocuyos（タケリア・ロス・コクヨス）へ向かう。

朝も昼も夜もタコス。屋台の灯りにたくさんの人々が集い、メキシコのソウルフードを選んでいる。

こちらでも巨大な鍋が圧巻。煮込みは頬肉やモツ、タンなど、選べる部位がたくさんある。そして、煮込みだけでなく、ソースやトッピングも豊富で、好みのサルサをかけたり、日本では手に入りにくいエパソテというハーブを千切って載せたり、メキシコの人たちは、みんなカスタマイズ力が高い。

1歳半から味の英才教育!?

「かけるね、お父さん」
「こうすると一番おいしいよ。メキシコ人ならタコスはだれでも好きさ」
「この子は1歳半から食べてるわ」

お母さんに抱っこされた男の子が小さな手で、タコスに好みのソースをかけて、ライムを搾る。少し食べてみて、またライムを搾る。メキシコ人は幼少期から自分で好みの味をつくっているのだ。

「味の英才教育なんですよ、やっぱり。世界のレストランでメキシコ人が活躍している理由が、今よくわかりました」

自ら選んで、食べて、さらに自分の好きな味に仕上げる。メキシコの食の表現をするときに、やはりこの"カスタマイズ"は、欠かせない要素であるようだ。

「トッピングにトルティーヤチップスはマストだね」と桑折さん。

モツやソーセージや塊肉が!!

カスタマイズが基本

ソースも甘い、辛い、酸っぱい

自分だけのタコスができあがる

味の好みは1歳半からはっきりしている

LOS COCUYOS

TACOS DE:

SURTIDA	$13.00
CAMPECHANO	$18.00
CABEZA	$18.00
MACIZA	$18.00
CACHETE	$18.00
OJO	$18.00
TRONCO DE OREJA	$18.00
MOLLEJA	$18.00
TROMPA	$18.00
TRIPA	$18.00
LONGANIZA	$1
SUADERO	
LENGUA	
SESOS	

TAQUERIA LOS COCUYOS

PORTALES DE TI
RESTAURANT

PORTALES

La Promo
¡tomate tres cervezas!

4ª
GRATIS

未知のスープ

賑わうタコスの屋台

メキシコ料理の原点を追って

美食の街、プエブラ発祥のモーレ・ポブラーノ

伝統料理で有名な美食の街、プエブラを訪れる。

メキシコシティから車で2時間ほど、スペイン占領時代の名残りのある旧市街の街並みは、世界遺産にも登録されている。

桑折さんはプエブラでどうしても食べたい料理があるという。

「モダンメキシカンが注目されていたり、世界のグルメな人たちがメキシコに来始めているのは知っているけど、まず、最初に郷土料理を食べて、それがどういうふうに発展していったのか、知りたいと思いました」

そこで訪れたのは、1965年創業の Fonda De Sta Clara (フォンダ・デ・スタ・クララ)。食べたかったのは「モーレ・ポブラーノ」と呼ばれるプエブラ発祥の料理だ。

これがモーレ・ポブラーノ

モーレ・ポブラーノはもともと、プエブラの修道女がおもてなしのために作った料理。

モーレ・ポブラーノの材料

シェフに作り方を習う

濃厚なソース＝モーレ

伝統料理をいただきます

モーレとは、さまざまな食材を入れて煮込んだソースのこと。この店での定番はトウガラシとナッツ、そしてチョコレートを一緒に煮込んで作ったモーレ。

その味わいは、好き嫌いが大きく分かれるという。

「昔、テレビで女優さんがモーレを食べて、なんとも言えない表情をなさったんです（笑）。どんな味がするのかずっと確かめたくて。やっと夢が叶いました。ウワサでは0か100って聞いたので、私はおいしく感じる人でありたいと思うのですが……」

恐る恐る食べてみる桑折さん。そして、気になるそのお味は？

「おいしい！ たとえるなら、カレーみたいな感じ。タマネギのような甘さがあって、食べ終わった後に隠し味くらいに、ふわっとチョコの香りが広がる」

モダンメキシカンにも受け継がれる"モーレ"

"モーレ"抜きには、メキシコ料理は語れないと言われ、この伝統料理は世界の美食家が注目するモダンメキシカンにも引き継がれている。

世界のベストレストラン100に選ばれた人気のQuintonil（キントニル）は、メキシコの伝統料理を大胆にアレンジしたモダンメキシカンの店。桑折さんは周囲のフーディーな友人たちにすすめられ、この店を訪ねた。

バーナーで炙られたアボカドと蟻の卵の料理など、色彩と食感、香味豊かでパワフル、かつ繊細な料理の数々が並ぶ。

トップシェフ、エリアナ・グディーネスさんは、今回の同行者の須山さんとイタリアの同じシェフに師事していたという。

「海外で修業すると違う文化やその伝統を知ることができます。その経験から自分たちの伝統を尊重し、発展させて新しい料理を作ったのです。メキシコに来たのなら、ぜひ一度、オアハカ地方の郷土料理を味わってほしいです。メキシコ料理の原点なんですよ」とエリアナさん。

世界のベストレストラン100に選ばれた

トップシェフのエリアナさん

調理場は機能的で明るい

こちらがアボカドと蟻と卵の料理

リストランテ・トラマナリは超人気店

店内も食材同様カラフル

笑顔が素敵なアビガイルさん

山盛りのズッキーニ

オアハカの伝統料理人アビガイルさんに弟子入り

さまざまな民族に独自の食文化がある

　メキシコ料理の原点を求めてオアハカへ。オアハカ地方には、多くの先住民族が暮らしている。モーレをはじめ独自の食文化で知られ、さまざまな民族が、それぞれの料理を継承している。

　桑折さんはメキシコ国内でもその名を知られる有名人から料理を習うことに。「モーレは味が複雑すぎて、作り方から学ばないとうまく解釈できないと思いました。今回、料理を教えてくださる方が、世界の有名シェフたちが"お母さん"と慕っている女性と聞いて、すごく楽しみにしています」

　アビガイル・メンドーサさんは、5人姉妹でオアハカ郷土料理店 Restaurante Tlamanalli(リストランテ・トラマナリ)を営む料理人。これまで、メキシコ伝統料理の継承者として各国から招かれ、民族の味を紹介してきた。

アビガイルさんに習うサポテコ族の味

　「わぁ、かわいい。すごく素敵なキッチンですね!」

　カラフルなタイルや壁紙、クロスで飾られたキッチンで、メキシコの太陽そのもののような笑顔のアビガイルさんが出迎えてくれる。華やかな花刺繍が施された民族衣装にエプロンのアビガイルさん。

ターバンのようなリボンをほどくと2つに束ねた長い髪が現れた。

「ほら、こうなっているの」と楽しそうに解説する。

「小柄だけど、みんなの肝っ玉かあさん。いかにもおいしいもの作りそうな雰囲気を感じますね」

「さあ、ズッキーニの花のスープを一緒に作りましょう」とアビガイルさんに案内されたキッチンの作業台に山と積まれているのは、濃い黄色の花を咲かせたズッキーニやフレッシュハーブ。

最初に、ズッキーニを茹でる。

次にズッキーニの花とハーブを大胆につかんで鍋に入れる。

陶器の鍋でズッキーニの花とハーブを煮込んでいくのだが、ここでは塩などの調味料は一切入れていない。次に、マサと呼ばれるトウモロコシの粉を豪快に手で水に溶いて、スープにとろみをつける。

仕上げは塩、サルサ、そしてライム

「すごいね。ヘラでもレードルでもなく棒でスープをかき混ぜてる！」

そして、味の決め手はトウガラシ。モルカヘテと呼ばれる石臼ですり潰されたトウガラシはとっても辛味が強い。

スープを器に盛り付けてから最後に塩、サルサ（すり潰したトウガラシで作ったソース）で味をつけ、ライムを搾ってできあがり。

「やっぱり、最後はライムで酸味をつけるんですね」

ズッキーニの花びらが浮かんだ美しいスープに、トルティーヤにチーズを挟んで揚げて作るケサディージャを添えて。ハーブの香りがアクセントとなったおいしい逸品ができあがった。

楽しそうに食材を選んでいく

トウガラシをすり潰す

未知のスープ

トウモロコシの粉でとろみづけ

熱くて辛くて酸っぱくておいしい

サポテコ族に伝わる "モーレ" に挑戦

トウモロコシが弾けるのは幸せの証

　次に作るのは、サポテコ族に伝わるモーレ。

　まずは、トウモロコシを陶器の平鍋で煎ることから始める。香ばしい匂いとともにトウモロコシの粒がパチパチ弾ける音がする。

　「トウモロコシが弾けるのは幸せの証。オアハカには、そんな言い伝えがあるのよ」

　さりげなく、とても素敵なお話をするアビガイルさん。

　そして、次は煎ったトウモロコシを粉にする。そこで、大きな火山岩で作られたメタテという平たい石臼のような石台が登場した。

使う道具は石の臼（メタテ）と石の棒（マノ）

　「これは、サポテコ族の女性が結婚するときに母から娘にプレゼントするものなの。私は結婚しなかったから、自分で買ったわ（笑）」

　アビガイルさんは5歳のときからメタテを使って料理をしてきた。マノと呼ばれる石の棍棒でトウモロコシやカカオ、トウガラシ、ピーナッツなどを粉末状やペースト状にする。この道具は3,000年もの昔から人々に愛用されつづけているそうだ。

　桑折さんも、さっそく挑戦してみることにする。

　「できるかな。重たいし、濡れたら余計やりづらい」

モーレの材料

トウモロコシを煎る

石製のメタテ

かき混ぜ用の棒

「もうちょっとリラックスして。肩の力を抜いたほうがやりやすいわ」

「1年くらいここに弟子入りして、これだけやりつづけないとぜったいに習得できない。モーレへの道は遠いね……」

次は、トウモロコシの粉を鶏のブイヨンと一緒に煮込む。

最後に塩とトウガラシで味を決め、トマトとハーブを入れてできあがり。鶏肉にこのモーレをかけていただく。プエブラで出会ったものとは違った色合いの"モーレ"ができあがる。

アビガイルさんは、熱々のモーレを手のひらに直に垂らして味見をする。

「ほら、あなたも味見してみて」

「熱い！ もう、手のつくりからしてメキシコのお母さんはパワフルなのね（笑）」

オアハカだけで200種以上のモーレ

サポテコ族で代々受け継がれてきたモーレ料理は、オアハカだけでも200種類以上あるという。

「モーレを作るときに、怒っていると辛くなるという言い伝えがあるの。だから、おいしい料理を作るためには、いつでも、たくさんの愛情をこめなければいけないのよ」

けっこうな量のトウガラシが入っているのに、アビガイルさんが作ったモーレ料理は決して辛すぎず、優しい味がした。

「ミキサーなどの便利な器具や市販の食材を使えば料理は簡単にできてしまうけど、どこも同じような味になってしまうんですよね」

この、ひと手間ひと手間を大切に作られたオアハカの母のモーレは、唯一無二の愛情にあふれている。

「あらためて、現地で料理を学ぶ幸せを感じました。アビガイルさんには、料理の神髄というか、一番大切なことを教えていただいた気がします」

粉挽きだけで1年は修業が必要!

サポテコ族のモーレ。色がきれい

ズッキーニのスープ

オアハカのおばあちゃんたちは皆優しい笑顔

Mission 7

忘れられない味、
石のスープとドライブインの煮込み

材料を器に入れていく

石を窯で焼く

ハーブ(?)をひたすら煎る

器に焼いた石をジューッと入れる

石のスープは神様への捧げもの

　桑折さんがどうしても食べてみたいスープがあった。それは旅行者のブログで知った「カルド・デ・ピエドラ（石のスープの意）」と呼ばれるスープだ。

　この、石のスープなるものが食べられるレストランは、その名も Caldo de Piedra（カルド・デ・ピエドラ）。

　テーブルから離れたところで大きな炎が焚かれ、石が焼かれている。

　器には、フレッシュなトマト、タマネギ、ニンニク、生肉と白身魚、エビが入っている。調味料は塩のみ。そして水が注がれ、そこに炎で真っ赤に焼かれた石をジュッと入れるのだ。すると時間を置かずにスープが煮えたぎる。

　今回、石のスープを作ってくれるのは、チナンテコ族のセッサ・ガチュピンさん。「このスープはもともと神様への捧げもので男性が作る料理でした。とても神聖な料理なので、民族衣装を用意しています」

　セッサさん、たっての願いで桑折さんたちは民族衣装に着替えてスープを食することに。

「具材にはしっかり火が通っているし、あっさりしているのに出汁が染みていて、おいしい！」

　先住民族の料理は、かなり豪快でシンプル、レンジも鍋もいらない。

陶器の大鍋で作る
ドライブインの煮込み料理

　旅先で記憶に残る料理とは、珍しかったり、はじめてだったり、目新しかったりする場合が多い。

　今回の旅で桑折さんの胸に深く刻まれたのは、なんと、ドライブインで食べた煮込み料理だという。

　メキシコシティからプエブラへ移動中に立ち寄ったドライブインだ。

　それまでのドライブインのイメージを覆し、店内は手作り感満載、働く人々はかわいらしいエプロンを着けた陽気なおばちゃんたちだった。

　「まず、店の雰囲気に驚きましたね。ここで食べた朝食は忘れられません」

　出汁が染みこんでいそうな、年季の入った素焼きの大鍋がいくつも並んでいて、その中には野菜がゴロンと入ったポトフのようなスープや赤や緑のスープ、内臓の煮込みが火にかけられている。メキシコのサンドイッチのトルタ、生野菜たっぷりのサルサなど、朝から種類も豊富だった。

　「どの煮込みも具材がほくほくなのに全然煮崩れてないんです。これは陶器の鍋が火入れを柔らかくしてくれるせいかと感激して。味も優しくて、まさにお袋の味という感じでした」

　旅の始まりに立ち寄った高速道路沿いのドライブイン。メキシコはきっと刺激的な料理が多いんじゃないかと身がまえていた桑折さんの胃袋を優しく解きほぐしてくれた。

　知れば知るほど、想像を超えた感動に出会えるメキシコ。

かわいいエプロン姿のおばちゃんたち

もっちりおいしそう

パンの種類もトッピングもたくさん

未知のスープ

ドライブインはオアシスのようでした

気持ちは温め、試作品は冷凍して出しどきを狙う

**旅先での感動を分かち合いたくて
現地の料理を再現してみます**

　今回のメキシコの旅では、現地のお店でかならずといっていいほどよく見かけた陶器の鍋を購入しました。しかし、残念ながら帰国時に粉砕！

　同じく購入したタコスプレス機は健在だったので、自宅に家族や友人を招いてタコスパーティーを何回かやりました。

　旅先での感動をどうしてもみんなと分かち合いたくて、現地で買った食材や調理器具、器を使っておいしかった料理を再現します。これも私の旅の楽しみのひとつだったりします。

　食べてくれた友人たちの反応は、やっぱり勉強になりますね。数字では表せない"実感値"として、新しいスープのレシピの参考にさせていただいています。

　ただ、家庭で人から出されておいしいものと、お店で自分が選んで購入するものとの違いがあります。

　たとえば、旅先で出会ったおいしい豆のスープをお客さまに食べていただきたくても、オマール海老といった派手な印象やキャッチーなネーミングに、哀しいかな負けてしまうこともあるんです。

**レシピ案は心の中でじっくり温め、
試作品は冷凍庫の中で待ちかまえている**

　スープを商品化するときは、季節のズレもそうだし、店舗ごとのオペレーションの違いもネックになることがあります。

　また、スープの原材料をどうやって入手するか。どこで栽培して量はどのくらい仕入

れるのか？　こういった数々の難題が持ち
上がって、なかなかお店で出せないことも
多いんです。

　だけど、私としては旅先での感動をどう
してもみなさんにお伝えしたい。

　そんなときは、ゴリ押ししたい気持ちを
ぐっとこらえて（笑）。問題の突破口が自然
に開かれるまで、ひたすら待つことにして
います。

　たとえば、店舗ごとの調理器具の進化だ
とか、材料に使われる野菜の生産者さんと
の出会いや収穫期だとかをひたすら待つ
んです。試作から実際にお店でスープが販
売されるまで、5年以上待ったこともあり
ました。

　その間は、旅をしたりして料理の引き出
しを多くしながら、レシピ案は心の中で
じっくり温めておきます。試作品はひたす
ら会社の冷凍庫でそのときを待ちかまえ
ているんですけどね（笑）。

　そうしているうちに、海外フェアなど、販
促と連携して商品化が実現したこともあり
ました。そのときは食文化を発信する企画
としてお客さんにスープをご紹介できたの
で、売れ行きもよく、ベストタイミングに恵
まれました。

旅はもちろん、すべての経験が
仕事の役に立っています

　2017年に13年勤務していた「スープストッ
クトーキョー」を展開するスマイルズ社から
独立しましたが、現在もレシピ開発は継続
させていただいています。これまでに、い
くつもの商品化の壁を乗り越えつつ、現場
現場で対処するためには、やっぱり料理の
引き出しの多さは必要だと考えています。

　今ふり返ると、旅はもちろんのこと、こ
れまでのすべての経験が仕事の役に立っ
ていますね。

　もともと、私は同じことを続けていくタイ
プではないので、いろいろな仕事をやった

のが、かえってよかったみたい。

　子供の頃から食べることが大好きで、中
学時代には飲食の仕事をしたいと漠然と
ですが思っていました。

栄養学を学びながら飲食店でバイト。
喜んでもらえるもう一品を考えていました

　短大で栄養学を学びながら飲食店でア
ルバイトをしたとき、ホールと厨房を兼任
したのが料理修業のスタート。

　その後は地元の福島の食品会社で、企
画から営業、納品までの実務に数年携わ
り、おいしいものを作れるようになりたく
て、イタリアンや中華、和食のお店を転々
とアルバイトしながら各国をめぐりました。

　飲食店の立ち上げにかかわったり、チェ
ーン飲食店勤務、別業種ではアレルギー
をあつかうクリニックに転職したこともあ
りました。このとき、参加した大学の研修
で学んだ食品アレルギーの知識は、今でも
とても役に立っています。

　ただ、飲食店は勤務時間が長いし、体力
的にもとても大変です。30歳過ぎたら開発
する側にシフトしたいと思っていました。

　そんなとき、スープストックトーキョーが
商品開発を募集していると知り、ぜひレシ
ピ開発に携わりたいと思いました。

　「どうしたら、お客さんが喜んで、もう一品
頼んでくれるのか？」

　そんなことを考えるのが、アルバイト時
代から大好きでしたからね。

世界中のお母さんの「知恵」は時代も国境も超える

旅先では愛と工夫に満ちている、たくさんの「お母さん」に習いたい

　メキシコでは、アビガイルさんにサポテコ族の伝統料理を習いましたが、私は現地で郷土料理を習うことを旅の大きな目的のひとつにしています。

　これまで、ネット検索や知人の紹介で、たくさんの方々に料理を習いましたが、私の場合、有名なシェフや先生より、現地のお母さんに習うのが好きなんです。近頃では、現地の通訳さんのお母さんにもお願いしたりして（笑）、たくさんの「お母さん」を紹介していただいています。

　彼女たちは料理をおいしくする愛と工夫に満ち満ちているし、なんといっても話が面白い！

　今回のアビガイルさんから聞いたオアハカの言い伝えのお話も、素晴らしかったですよね。「トウモロコシが弾けるのは幸せの証」だなんて。

　それに、あたりまえのように、割れた陶器

のかけらを刷毛代わりに使っていたりして、その土地やその家庭特有の生活感を肌で学べることも面白い。

　「どうしてこの料理を今も自分たちが食べていられるのか」といった、ご家族についてや子供時代の話をうかがえることはとても貴重な体験だと思います。

　以前、煮込み料理を習ったとき、「私たちは、ゆっくり暮らすことを大切にしています。料理も慌てないで、ゆっくり煮込んでね」と教えていただいたことがありました。

　たしかに、加熱時に食材から糖分が出るのは60度〜80度で、そのときは時間をかけて火を通すといいんです。

　時代を超えて語り継がれたお母さんたちの料理の知恵。その経験則と科学的根拠が合致するなんて、驚きと感動でいっぱいになりました。

イタリアとネパールのお母さんが同じことを教えてくれた

　また、遠く離れた異国のお母さんの教えに共通点があったことにも人類の神秘を感じましたね。

　たとえば、イタリアのプーリアとネパールのお母さんが同じことを教えてくれたんです。

　パスタを作る時、同じ鍋で、順番に具材を煮ていって、最後にそのお湯でパスタを茹でるという方法です。

　自然と資源を大切にできるし、この順番で茹でると、パスタがすべての具材の旨味を吸ってくれるんですね。少しでも家族においしく食べさせようとするお母さんの知恵が、国境を超えて存在していること

に感激しました。

　私は何を何グラム入れるのか、といったレシピの詳細より、こういう愛情にあふれた生活の知恵を彼女たちからもっと学びたいし、みなさんにもお伝えしたいと思っています。

　高級レストランのコース料理はもちろん素晴らしいけれど、お母さんの作ったごはんは、今日も明日もあさっても、飽きずにおいしく食べられます。そのいい意味でのゆるさ、寛大さにも魅力を感じますし、人として見習いたいところだと思っています。

　メキシコのドライブインの煮込み料理もそうでしたが、世界を旅して印象に残る料理って、その土地のお母さんが作ったものだったりするんです。

一人旅から「おいしいもの」ツアーへ

料理の背景にある食のストーリーに心惹かれて

　海外に行くたびに、食は風土と密接につながっていることを再確認させられます。たとえば、次に旅する予定のモロッコも、砂漠で水が貴重だからこそ、効率よく食材を蒸せるタジン鍋が誕生したのでしょう。逆に、日本は水に恵まれているから、出汁をとる文化があるのだと思います。

　今回メキシコの屋台で、茹でたトウモロコシにチーズとスパイスをかけたものを食べたのですが、日本のトウモロコシのように甘くない。だからこそ、粉に挽いてトルティーヤなんていう、抜群においしいソウルフードができあがったのかもしれない。私はそういった料理の背景にあるストーリーに心惹かれます。

　スープレシピのヒントはもちろんですが、旅をしながら、そんな物語との出会いを待っているところもありますね。

これからは日本の未知の味も知りたい

　アビガイルさんにサルサ作りを習ったとき、トウガラシや香味野菜を石臼で潰したんです。その方法や手つきが、インドで見たウェットマサラ作りとそっくりだったんです。植物を石ですり潰して香りを出すという、料理をおいしくするための手仕事を全く別の土地の人間が始めていた！ そんなことにも感動しました。

　先日、秋田の男鹿半島を旅したとき「石焼桶鍋」という、焼いた石を鍋に入れて生の具材を煮る、メキシコのチナンテコ族の石のスープとそっくりな料理に出会いました。こちらは伝統的な漁師料理だと聞きました。世界各国で同じ現象が生まれている不思議。そして、国々の風土の違いから生じる、食文化の発祥や成り立ちの所以がとても興味深いと思いました。

　日本国内にも知っているようで知らない料理が、まだまだたくさんあることに興奮を覚えましたね。

　地方に住んでいる方って「こんな田舎にはなんもないよ」とか言いながら、めちゃくちゃ珍しくおいしいものを贅沢に料理したりしていますよね。これからは、地元の人しか知らない素材や料理、カルチャーに出会う日本の旅にもどんどん出かけていきたいと思っています。

　以前は一人旅が好きでしたが、今は「おいしいものを食べたい」「旅行が好き」という共通項でつながった人たちで行くツアーも主催しています。人数が多いと、たくさんの種類を食べられますし、なんといっても、ごはんがおいしくなる。

　私は6人家族で育ったので「おじいちゃん、また去年と同じこと言ってるよ〜」みたいな（笑）、各自がああだこうだ、言いながら食べるごはんのおいしさを、大勢の方々と分かち合いたいと思っています。

　これからも、国内外で感じた旅の幸せを、スープ開発や料理にまつわるワークショップ、ツアーを通じて、みなさんにお伝えしたいです。

❶ 子供の頃の夢は何?

食べ物にかかわる仕事です。「そんなわがまま言ってるとプリンあげないよ」って言われると、「プリン食べられないのは困る〜」って大好物につられて母の言うことを聞くような子供でした(笑)。

❷ 今の仕事を知ったのはいつ? なぜ惹かれたの?

上京前に行きつけのバーの2店舗目のメニュー作りを手伝ったことがありました。お客さんの喜ぶ顔を見るのが大好きでしたね。

❸ 駆け出しの頃に役に立ったアドバイスは何?　あるいはその頃の自分に言ってあげたいことは?

「よかったね。いろんな仕事に就いたこと、旅したすべてが、今とても役に立ってるよ」

❹ 自分の性格でいちばん自慢できるところは?

いいことしか覚えてないところ。占いもいいことしか入ってきません。

❺ キャリアや仕事のために払った最大の犠牲は?

そのときどきの決断に後悔はないので、大きな犠牲は思いつきません。

❻ 夜眠れなくなるような不安や悩みはある?

以前、コース料理を食べた夜は眠れないことが多く、食後のコーヒーのせい? と思っていたら、どうやらお腹いっぱいで眠れなかったらしい(笑)。

❼ 仕事をする上で大切にしていることは何?

私の仕事は人々を楽しませることだから、まずは、自分が楽しむこと。

❽ リフレッシュはどうやってする?

リフレッシュする必要がないように、仕事と遊びを一緒にしています。サッカー、ラグビーなど、大好きなスポーツ観戦が発散になっているのかも。

❾ 世の中にもっとあってほしいモノは?　減ってほしいモノは?

便利すぎるモノは減ってほしい。いろいろな国を訪れると便利じゃない素晴らしさが肌身に染みるから。

❿ 明日、やりたいことは何?

あさってからモロッコに行くので、マッサージに行って体を整えます。

未知のスープ

桑折敦子 *Atsuko Koori*

1973年、福島県生まれ。短大卒業後、2001年より東京の飲食店勤務を経て、2004年にスマイルズ入社。スープストックトーキョーの商品開発を中心に、スマイルズが手がける飲食業態全般の商品開発に携わる。2017年、独立し、フードプランナーとして活躍。グルメツアーなども主催。

photo：広川智基　原田理恵　桑折敦子　　text：村井砂織　　撮影協力：株式会社スマイルズ

木野内美里さんと行く

日本未上陸、ローカルチョコレートの旅

メルボルン・タスマニア・
北欧・スロベニア

今まで28か国を訪れて、300種以上の日本
未上陸のチョコレートを紹介してきた、カリ
スマチョコレートバイヤーの木野内美里さん。
ローカル、ビーガン、小規模、SNS、オリジ
ナリティ……。"今"を伝えるショコラティエを
見つけるための旅へ。

日本未上陸のチョコレートを探して
世界各地へ

私のオリジナリティを追求して

　今まで28か国を訪れ、300種類以上の日本未上陸のチョコレートを紹介してきた、カリスマチョコレートバイヤーの木野内美里さん。23年前、花屋さんから通販会社に転職。食品部門に配属になり、バレンタイン特集のファッションのカタログの中の見開き2ページを埋めてほしいと、チョコレート特集を担当したのが最初。
「毎年『今年で最後』って思っていたから、これも入れておこうって詰めこんで」
　当初、美里さんは海外出張に毎年出かける未来になるとは思っていなかったと言う。やがて、バレンタインのチョコレートブームがやってくる。海外の有名ブランドのチョコレートが百貨店や路面店で買えるようになり、スターショコラティエが来日すれば、多くの人が集まるようになった。
「私は"自分の仕事は何だろう"と考えつづけるショコラティエたちと出会ってきて、じゃあ、私のオリジナルは何？　私がすべきことは何？　を考えつづけてきたんですね。ブランドチョコはもう東京で買える。で、気づいたのがローカルチョコレートだったんです。
　地元の神戸には、東京では手に入らない地元だけで人気のお菓子屋さんがまだいっぱいあるんです。私は神戸の人間なので、よそからお客さんが来たら、そういうケーキとかチョコレートとかおまんじゅう

を持って帰ってもらいます。それ、めっちゃ贅沢なことだと思うんです。賞味期限も短いし。これが食の贅沢じゃないか？と思って。世界で有名でもない、〇〇賞受賞にも興味がない、でも地元でローカルで愛されているチョコレートを見つけてくるのを私のミッションにしようと思ったんです」

ローカルにシフトして、SNSをガン見して

　ローカルにシフトして、「誰ともかぶらない」「日本未上陸」をコンセプトに、住宅地に佇む、市場で小さなカカオ焙煎機を回す、あるいは店を持たずアトリエだけでチョコレートを作る世界各地のショコラティエに会いに出かけていくようになる。
「日本ではチョコレートといえばバレンタインデーですけれど、海外では、誕生日。チョコレートでかたどったオブジェをあげたりする習慣がある」と美里さん。
　最近は、エンジニアやプログラマー、デザイナーからの転職組も多い。素晴らしい学校もいっぱいできているし、大きな設備投資もいらない。店は持たずSNSで発信するショコラティエが多くなったという。
「私は世界中の若いショコラティエをSNSでチェックしています。フォロワー1,000人以下の人も育ってくるのを待っている」
　ショコラティエは職人気質な人が多く、

世界で有名でもない、
でもローカルで愛されている
チョコレートを見つけてくるのを
私のミッションにしようと
思ったんです。

一筋縄ではいかないこともある。彼らに「あなたにとってのチョコレートは何ですか」と聞くと、みんなが「人生」、もしくは「私のすべて」と答えたという。彼らはあまり喋べらないけれど、チョコレートですべてを表現している。語るべきことは、チョコレートにこめられているのだ。「語るのは私なんだ、と気がつきました」と美里さん。カタログで、Twitterで、動画で、彼女は語る。いかにそのチョコレートが世界にひとつしかない、素晴らしいチョコレートなのかを。

AUSTRALIA
オーストラリア

シドニー

メルボルン

タスマニア
ホバート

オーストラリア
Comonwealth of Australia

南太平洋に位置し、面積では世界第6位、日本の約20倍もの広さ。人口は2,499万人（2018年）。アングロサクソン系を中心に中東系、アジア系、先住民族のアボリジニなど多様な民族構成。公用語は英語。本土とタスマニア島、その他の小島からなる。四季は日本と逆。東海岸のシドニー、メルボルン、タスマニア島は温帯性気候。生態系もユニークで、とくに140種類以上の有袋類が生息。メルボルンへの直行便は10時間30分。タスマニアのホバート空港へは1時間10分。

メルボルン *Melbourne*

オーストラリアの文化の中心。トラムが走り、歴史的な建造物や庭園、公園、アートセンター、ミュージアム、レーンウェイと呼ばれる路地にあるストリートアートなどカルチャーが息づく。自家焙煎、豆の産地のこだわり、サードウェーブコーヒーを主流とするオーストラリアのカフェ文化の発祥の地でもある。

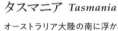

タスマニア *Tasmania*

オーストラリア大陸の南に浮かぶ島。太古の昔に大陸と分離しタスマニアデビルをはじめとする、島固有の野生動物と大自然が残っている。島の36%が国立公園や自然保護地域に指定され、世界複合遺産登録もされている。

フィンランド / ヘルシンキ
Republic of Finland / Helsinki

日本よりもやや小さい国土のフィンランド。高い山がなく平らな国土。人口は551万人。公用語はフィンランド語。マリメッコやイッタラ、ムーミン、サウナ等日本でもなじみがある。首都ヘルシンキは、コンパクトながらバーやクラブがあり、新しいレストランやカフェも増えている。ヘルシンキの群島は大小330の島からなり、定期的なフェリーが行き交っている。日本からは約10.5時間。

スウェーデン *Kingdom of Sweden*

夏から秋にかけて、キノコやベリー、フルーツがふんだんに採れる。500種以上の野生のベリーがあり、リンゴの種類も多い。

スコーネ *Scania*

スウェーデンの南部の地方。マルメ、ルンド、ヘルシンボリなどの都市がある。かつてはデンマーク領だったこともあり、ストックホルムとはまた違った雰囲気がある。

ヨーテボリ *Gothenburg*

スウェーデン第2の都市。スウェーデン王国最盛期に国王グスタフ2世アドルフが建設、大航海時代に北海への出入り口として栄えた。東インド会社をそのまま利用した市立博物館にはバイキングにまつわる展示が充実。メロディックデスメタル発祥の地でもある港町。

ストックホルム *Stockholm*

ノーベル賞の授賞式が行われることでも有名なスウェーデンの首都。北欧のベニスと呼ばれ、ストックホルム群島、アーキペラゴは20,000以上の島々からなる。100以上の博物館、美術館がある。映画「魔女の宅急便」のモデルのひとつにもなった街。

スロベニア / リュブリャナ
Republic of Slovenia / Ljubljana

国土はほぼ四国と同じ。人口は約207万人。首都はリュブリャナ。公用語はスロベニア語。首都リュブリャナは、中世からの町並みが残る。省エネ国家としてスマート・コミュニティの開発を目指している。オーストリアとの国境近くにあるブレッド湖は「アルプスの瞳」と称される。日本からの直行便はなく、パリ、フランクフルト、アムステルダムなどから乗り換えで15時間前後。

ローカルチョコレート

Mission 1

オーガニックと多様性、メルボルンの個性派

おいしいからオーガニックを選ぶ

　美里さんがはじめての南半球でチョコレートの海外出張に選んだ街はメルボルン。オーストラリアカフェ文化の先進地として人気がある。バリスタ修業に来る日本人も多く、インスタ映えするカフェが並ぶ。

　オーストラリアといえば、「ヘルシー命！」。オーガニック、ビーガン、環境、地産地消……とにかく意識が高い。なんと "Sugar kill people" というショコラティエもいるくらいの徹底ぶり。美里さんがオーガニック市場で「どうしてオーガニックを？」と聞いてみると、答えは「おいしいから！」だったという。太古の時代から大自然と共に暮らすオーストラリア人だから、自然にその道を選ぶ。そういうライフスタイルなのだ。

味もセンスも人気のBibelot

　まずは地元で味もセンスも人気のカフェ Bibelot（ビブロ）へ。
「メルボルンのこだわりは素材へのこだわり。建物もおしゃれ。テンションあがりますね」

　ハチミツとローズマリー、マカダミアナッツとコブミカンなど、特徴あるものばかりを使っている。少量で多種類がコンセプト。デザインも個性的だ。
「ここは技術がありますね。アップルパイ……これまさにケーキみたい。すごい、手がこんでる」

　ショコラティエいち押しのアップルパイボンボン。チョコとリンゴのコンポートを合わせたものに焦がしバターを加え、パイ生地のような風味をプラス。

　ひと目惚れで輸入することを即決。どの

外観がまずおしゃれ！

ドーム形のチョコレートはまるでアート

ふくろうの絵の微妙な色合い！

大粒の塩キャラメルポップコーン

メルボルンでも有名店

チョコにするのかも美里さんはその場で決めていく。

「そしたら、一応9粒にしようと思うんですけれど、ちょっと高くても全部違うものでいきたいですね。アレンジ系の創造性が、ここまで最先端になっている！ ニューヨークやパリにも全然引けをとらない。メルボルン、めちゃ、やりますね」

そば粉入りビスケットもサクサクとして香ばしい。和菓子のように美しいケーキやカフェメニューは「現地に来たら、ぜひ味わってほしい」と美里さん。

パステルカラーの La Belle Miette

美里さんが最初にメルボルンに興味を持つきっかけになったのが La Belle Miette（ラ・ベル・ミエット）。ショーウインドーにはパステルカラーのマカロンが並び、チョコレートはふくろうのプリントにグレーやベージュといったセンスある色合い。まるでアリスのお茶会にお呼ばれしたかのような、お店の外観も内装もセンスもチョコの完成度もパーフェクトなショコラトリー。

「女子力がめちゃ高い。色の選び方がとても素敵です。オーナーのエイリンさん

もかわいらしくて品がいい。箱も素敵！」と美里さん。

インテリジェントな Gânache Chocolate

次に訪れたのは、Gânache Chocolate（ガナッシュ）。40年前から、パリ、ロンドン、スイスと各国を旅して知識を増やしてきたインテリジェント職人、アルノ・バックスさんのショコラトリー。

どんどん出てくるチョコには確かな技術があり、フレーバーごとにデザインも違うていねいさ。技術を伝えることも大事にしているので、店内にはお弟子さんもたくさんいた。なんと、屋上で蜂を飼い、収穫したハチミツを使っている。近くに公園があるため、シーズンによって蜜の味が変化するという。オーストラリアの素材に各国を旅した知識がミックスされ、個性的なチョコレートになる。アルノさんが自慢げに取り出したのは……。「塩キャラメルポップコーン？ …どうかなあ……うん！ ううん！」

ポップコーン→塩キャラメル→キャラメルチョコ→ホワイトチョコの順番にコーティングされ、甘さとしょっぱさが楽しめる。

ショコラティエの表現を理解すること

オリジナリティを優先するXocolatl

　メルボルン郊外の住宅地にあるXocolatl Artisan Chocolates & Cafe（ショコラトル・アーティザン・チョコレート & カフェ）。クリストフ・パーチオルグさんと娘さんのティナさん、二人のショコラティエが生み出すチョコはメルボルンでいちばん変わっていると噂だ。30年前にギリシャから移住してきたクリストフさんが最初に美里さんにすすめたのは「わさびマカダミアン」。

　「辛くないですか、なんかの罰ゲームちゃいます？　うん！　おいしい」
　"フレーバーはオリジナルでなくてはならない。真似は絶対やらない"というクリストフさんは絵も描くアーティスト。独創性を大切にしている。

　オリーブオイルと燻製にした海塩、バジルとシャンパン、バルサミコ酢とストロベリー、ザクロ、不思議な組み合わせが続々登場する。中でも一押しというのが、地味な外見のひと粒。どんな味かと

美里さんが聞くと、「口の中でどんちゃん騒ぎ」とクリストフさん。
　「どうやろ？　あ！　きたきたきたきた」

ショコラティエの表現を理解すること

　ショコラティエは表現者。それを理解されたと思ったときに、言葉じゃないものでわかることがある。
　「ホワイトチョコとマンゴーのチョコレートがあって、甘いだろうなと想像して、パッと裏向けたら裏がダークチョコだったんですよ。あ、甘いからバランスをとってビターで調整してるんだなってすぐにわかった。彼らがよく使っている"バランス"って言葉を理解できた。で、私が裏返した瞬間、彼らも私が理解したことがわかったんです」

　それは、23年間チョコを「ガン見」して、ただひたすら「食べて」きたからこそ養われたスキルかもしれない。実際に会いに行くことで、チョコレートを通じてショコラティエとつながる貴重な瞬間もまた宝物だ。

娘さんが「マイボス」、奥さんは「マイボス2」と言うクリストフさん

メルボルンの家庭にホームステイした気分

チョコレート界の精進料理、ローチョコ

オーストラリアは生態系同様、チョコレートも独自の進化を遂げている。マシュー・ハーディーさんのManúko（マヌーコ）は "ビーガン&ロー"。若手のショコラティエに多い、店を持たずにカフェに卸すスタイルのマシューさん。メルボルン郊外にあるアトリエでたった一人、チョコ作りに専念している。卸し先はメルボルンのカフェ。素材の力を最大限に生かしたチョコレートバー、ローチョコ。チョコレート界の精進料理と言ってもいい。

「日本人、まだローチョコレートあんまり知らないので、ぜひ紹介したい。オーストラリアに今回来た理由のひとつでもあるんです」

"ローチョコ"はカカオを焙煎せず、48度以下の低温で調理したもの。そのため、様々な栄養素が残ると言われ、注目を集めている。マグネシウムや抗酸化物質が豊富に含まれた「ヘルシー命！」のチョコ。"ビーガン"は動物由来の食品をまったく食べない。肉・魚はもちろん、ミルクも飲まないしハチミツも使わない。

ビジネススタイルもスマートなManúko

サイトには "Raw, Gluten Free, GMO Free（遺伝子組み換えなし）, Hand Crafted, Organic, Dairy Free（乳製品なし）, Vegan, Australian Made" が掲げられている。

たとえば、「濃厚黒ごま入りのチョコ」は砂糖を使わず、オーガニックの黒ごまの甘味を引き出している。それがマシューさんの表現なのだ。

「Can I try this one？ きれいですね、すごく。う、めっちゃローズ。これ食べたら、自分がきれいになりそうな気がする。女子力高い」と美里さん。

有機栽培のバラから抽出したオイルをチョコレートに練りこんである。豆腐のお菓子のようにソフトな食感が広がる。

「ローチョコという新しい分野。健康大好きなオーストラリアならではのチョコレート」

カカオの力を最大限に生かす、ローチョコ

アトリエで一人作業する

ローカルチョコレート

ビーガン、ローカル、小規模。
"今"を伝えるチョコレート

意識高い系のRatio

「意識高い系チョコ、ナンバーワン！」と美里さんが推すのがRatio（レシオ）。店名は"比率"という意味。メルボルンの下町にひときわ目立つクールなチョコレート工場が出現する。ガラス張りでカカオの焙煎機もあり、ビーントゥバーの作業工程が一望できる。

「ショコラティエのデビーさんは、ケニアで活躍していた動物学者。お兄さんが有名なコーヒーショップを経営していて、ビジネスを勉強してショコラティエに転職しています。エンジニアや銀行員、世界を旅して転職された方もいらっしゃいますが、彼女はもともと動物学者なので"環境"を大事にする仕事だったんですね。チョコレートの商談の間も、環境、無農薬、動物、植物といったワードが飛び交いました。ご本人もビーガンですって」

元動物学者が作るゴールデンレシオ

デビーさんはカカオの焙煎もするし、豆のピッキングもする。しかし、素材にこだわるがゆえに賞味期限が短いという難点が！ そこに「黄金比率（ゴールデンレシオ）」がデザインされ、塩キャラメルが宝石のようにきらめく「塩キャラメルタブレット」が登場する。ストイックな美しさにあふれたミルクチョコだ。

「彼女は根っこから違う感じがしました。肉も魚も牛乳もハチミツも、コーヒーすら飲みません。決してファッションではなく、"私はこういうふうに生きる"がチョコレートにも表現されている。世界一、ビーントゥバーを美しく見せている人」と大絶賛の美里さん。

店内には、カテゴライズされた分類表が配置され、まさに"レシオ＝比率"がベースにあることをうかがわせる。これぞ、オーストラリア・メルボルンの"今"を伝えるチョコレートだ。

美しいデザインの分類表

カカオはソロモン諸島から

これが黄金比率チョコ

陽気なオーガニックチョコレート

オーガニックマーケットの一角にある

オーストラリア産のカカオにこだわる

ダインツリーのチョコレートケーキ

陽気なオーガニックMonsieur Truffe

　メルボルンのお店、Monsieur Truffe（ムッシュ・トリフ／MTメルボルン）はトレンドでもあるビーントゥバーの店。オーナーのウーゴさんはイタリア人。倉庫のような造りのカフェは、年代物のチョコレートマシンやグリーンでいっぱい。そもそもファーマーズマーケットに出店したところ人気が出て、カフェを持つまでに至る。オーガニックで無農薬、パッケージもリサイクルペーパーと一貫している。イタリア・ピエモンテ産のヘーゼルナッツを使った「ヘーゼルナッツジャンドゥーヤ」は、トーストやアイスクリームと合わせてもいい。

オーガニックマーケットの一角にあるAtypic

　オーガニック野菜が並ぶサウスメルボルンマーケットの一角にあるAtypic（アティピック）もビーントゥバーのショコラトリー。オーナーのチャールズさんは実はル・コルドンブルーの先生。満を持してメルボルンに自分のお店を出した。カカオはソロモン諸島産。ひとつひとつ、自分のこだわりを形にしていっている。「Atypicとは"一風変わった"という意味。日本も大好き」とチャールズさん。マーケット自体がおしゃれなので、周囲のカフェもレストランもチェックポイント。

オーストラリア産カカオにこだわる
The Ministry of Chocolate

　メルボルンで最後に訪れたのはThe Ministry of Chocolate（ザ・ミニストリー・オブ・チョコレート）。「オーストラリアでカカオを栽培するダインツリー・エステート（カカオの栽培からチョコレートの製造まで一貫してオーストラリア国内で行う先進的な企業）を知って、オーストラリア産のカカオを広めたいと思った」と言うドゥルーさん。奥さんと二人イングランドから移住してきて、ショコラトリーを始めた。ガナッシュのプリントもアボリジニのデザインをあしらい、オーストラリア愛にあふれている。
　「一度行った街はなかなか行くことができないので、できるだけたくさんショコラティエに取材に行きます」と美里さん。

ローカルチョコレート

タスマニア、奇跡のミルクチョコレート

ミルクがおいしければぜったいチョコレートもおいしい

美里さんの次なる目的はおいしいミルクチョコ。島の3割が世界遺産のタスマニアへ。原生林が広がり、水と空気が世界でもっともきれいな場所と言われている。美里さんが最初に会いに行ったのが酪農家リチャード・ビグネルさんの飼う牛。

「チョコレートはカカオと砂糖とミルクってわりとシンプルな素材でできています。だから、ミルクってめちゃめちゃ大事なんですよ。ここ数年カカオへのこだわりが主流だったので、次はミルクも注目です」と断言する。ミルクは成分的に輸送による振動がよくない。ミルク加工品が産地でおいしいのは、ミルクが振動していないからだという。

「だからミルクチョコレートはタスマニアではぜったいおいしいはず！」

一粒でフルコースの味わい Coal River Farm

牛には出会えたが、なかなかショコラティエには会えず、名前と住所を頼りにたどり着いた店が Coal River Farm（コール・リバー・ファーム）。忽然と現れたのは広大な農園にポツンと建つ超クールなカフェ & ショコラトリー。

試食用にとショコラティエ、ディミトリ・スメトさんが用意してくれたのは、繊細な印象のチョコ。素朴な人が素朴なもの作りをしているかと思いきや、とってもファッショナブルでしかも緻密な計算がなされている。

「こちらはバニラガナッシュです。クリームとバターでミルキーに仕上がっています。ミルキーウェイと呼んでいます」

チョコの味を支えているのはもちろん毎日届く高品質なタスマニア産ミルク。果実酒を混ぜたミルクチョコを使い、ベル

タスマニアデビルがお出迎え

人よりも牛の数が多い

しぼりたてのミルクに感激！

ひときわ
スタイリッシュな建物

ギーの伝統的な菓子を再現している。片や、ごまを使った一品は下は煎りごま上はしょうゆでそれぞれ味つけしたチョコ。しょうゆは主張するわけではなく塩加減に使っている。それは一粒一粒がフルコースのようなバラエティに富んだ味わいなのだ。

「絶妙なハーモニーで素晴らしい！ 彼はアーティスト！ 天才おった！ どこで習ったの？」

「実はオーストラリアに来たのは6年前です。14歳からベルギーで修業をしていました。その後、チャンスを求めオーストラリアに移住。そしてメルボルンからタスマニアへ。次々と季節ごとに素晴らしい素材が目の前にあって、創作は大忙し。アトリエで退屈したことがありません」

タスマニア産のミルクの甘さとベリーの酸味

いつものように美里さんが店内をガン見して目に留めたのが、ドライフルーツが乗ったラズベリーの板チョコ。

「これは何？ What is this？」

ラズベリーピューレを吸わせてキャラメライズしたココナツとラズベリーを混ぜたホワイトチョコに、ローストココナツと農園で採れたラズベリーのフリーズドライをトッピング。タスマニア産のミルクの甘さと、ベリーの酸味が絶妙のバランスだ。サクサク感がまたいい。

「うん。ぜったいおいしい。うん、ぜったいこれ！ チョコレートの伝統的な国は、もちろんそのままで素晴らしい。でも、オーストラリアのようなチョコ新興国では、移民してきたショコラティエが自分のバックボーンを生かしながら、自分の道を追求しているのが素晴らしいんです」

多様な個性に出会う驚きが美里さんをまだ見ぬ地へと向かわせる。

「ディミトリさんが今年はごまと山椒を使って日本のチョコレートを作ってみたって。完全に私たちのオーダーと変わっている（笑）。彼はこうしたいんだなと。わかった、あなたに付き合うと言うほかない（笑）」

バイヤーとして、ショコラティエのやりたいことも理解できるし、彼らが気がつかない「他とかぶらない良さ」も気づけることが、美里さんの強みなのだ。

新鮮で高品質なミルク

大事なパートナーとも出会った

ローカルチョコレート

Mission 5

レベルが高い東欧、北欧のショコラティエ

お客さまが育つとチョコレートも育つ

　美里さんが今注目しているチョコレート新興国は東欧、北欧、バルト三国。
「レベルの高さと賢さ。彼らは遅れてきただけに、いきなり大人からのスタート、下積みなしで来る感じがする」
　カタログで特集にするには、最低10店舗は取り上げる必要がある。ドイツは特集するまでに時間がかかったという。
「質実剛健な国だけあって、以前はチョコレートがあまり発展していなかったけれど、探究心が強いから、技術がすぐに追いついた。それぞれの国でチョコの奥深さを楽しめるようになってお客さまが育ってくると、チョコレートも育つ。その関係性はすごく学びました。北欧や東欧はこれから楽しみ」と美里さん。

週3日だけのAnnan Suklaatehdas

　フィンランドのヘルシンキで週に3回だけお店を開ける Annan Suklaatehdas（アンナ・スクラーテヘダス）のアンナさん。「現代のショコラティエの象徴」だと美里さんは断言する。ニューヨークでショコラティエをしていて、出産を機にヘルシンキにもどり、お店を開いたばかり。彼女はオフィス街の小さなアトリエ「アンナの工房」で自分の理想とするチョコレートを作り、理想的なやり方で売る。オーダーメイドの注文が入ってくるので店は週3日で十分なのだ。

地元で大人気のアンナさんのチョコ

打ち合わせは店内がベスト

ブラックハート。中はラズベリーガナッシュ

行き届いたデザインの
オステリアン

スコーネ地方の素材を
生かしたボンボン

シルヴァン・マロン
自慢の素材のそば粉

リコリスチョコ、
くせになるわよ!

まさにアンナさんの分身ともいえるのが大人気のローズチョコレート。「華やかで彼女の色っぽい感じがして、照れちゃいます」

ヘルシンキでいちばん人気のChjoko

ヘルシンキの中でも一番人気のChjoko（チヨコ）。「商談の部屋よりぜったい、お店のほうがいい」と力説する美里さん。お店に入ったときに「これこれって思った」というブラックハート。北欧はベリーの種類がたくさんあり、これもベリーチョコレートだが、たまたま母の日用に作ったものが残っていたのだ。「真っ黒なボックスに入っている。めちゃカッコいいんですよ」。母の日の翌日に行かなければ出会わなかったチョコレート。

スコーネの廃校を改装。Österlenchoklad

スウェーデンはデザインの国。デザイナー出身のショコラティエが多く成功している。
フランスのプロバンスのように文化人が集まるスコーネ地方の小さな村にあるÖsterlenchoklad（オステリアン）は廃校を利用したショコラトリー。デザイナー出身のフレデリックさんと奥さんは、この土地で自分の納得いく人生を歩みたいというタイプ。味もデザインされている。「スコーネの特産品がリンゴなんですが、非常にスマートな味がするんです。カッコいいし。スウェーデ

ンではめっちゃ有名な人」と美里さん。

これぞ職人、Sylvain Marron

ヨーテボリにあるSylvain Marron（シルヴァン・マロン）。ひと目ですごいショコラティエに間違いないと思ったという。「素材を保存しているタッパーがバーっと並んで、それをまるで社員を紹介するように説明していくんです。おいしいに決まっている」と美里さん。しかし、輸入はひょっとしたら無理かもとはじめは思った。作るのは好きだけれど売るのは好きじゃない典型的なタイプかと。輸出するには原材料や賞味期限などの書類もたくさん書かなくてはならない。カタログに載せられるようになるには、実はハードルがいくつもある。

リコリスはロイヤル系のEjes Chokladで

ストックホルムにある王室御用達のロイヤル系チョコレートのEjes Choklad（エイエス）。なぜか北欧の人だけが大好きなリコリス。「リコリスをどの店で紹介するのか? をずっと考えた」と美里さん。世界的に味が画一化されている今、リコリスはある意味文化遺産なのかも。「Twitterに旅先で『これをチョコレートセミナーに出します』ってつぶやいてしまった。値段を見たら一粒1,000円。後であせりました」

森と泉とハチミツの国、
スロベニアのショコラトリー

ネットの情報ではつかめなかったスロベニア

1991年に旧ユーゴスラビアから独立したスロベニア。イタリアの東隣に位置する森と湖の国。

「プライベートでスロベニアに行ったら、ショコラトリーは森の中に点在していました。車をチャーターして行ってみたら、この人口の少なさでこのレベルの店が森の中にあるか? っていう、タスマニアに匹敵するぐらいの衝撃を受けました。ネットの情報では絶対つかめなかったです」と美里さん。まさに、百聞は一見にしかず。

スロベニアの首都はリュブリャナ。ドラゴンの橋が有名で、真ん中に小さい川が流れ、遊覧船が行き交う。両脇にはひたすらローカルなカフェが並ぶ。

「ゴミひとつ落ちていなくて、めちゃめちゃきれいです。Wi-Fi は飛んでますし、治安もいい。ミルクの自動販売機がありました。紙パック NG で、エコ意識も高い。自分で瓶を持ってくるんです。見習いたいです」

スロベニアを代表するブレッド湖は「誰がどんなスマホで撮っても絵になる」絵ハガキのような景観。

ハチミツパウダーを練り込んだLucifer

そんな森と湖の国で見つけたのが Lucifer Chocolate（リュシファー・チョコレート）のテンションマックスになるようなかわいいハチミツチョコレート。国連が制定した「世界蜂の日」の5月20日が、近代養蜂のパイオニア、スロベニア人のアントン・ヤンシャの誕生日にちなんでいるほど、実はスロベニアはハチミツ大国なのだ。

誰が撮ってもおとぎの国の景色

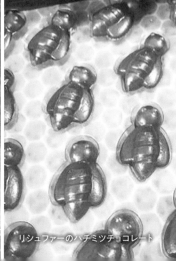
リシュファーのハチミツチョコレート

大群だとちょっと怖い

「車で移動途中、派手な黄色とかオレンジに塗られたタンスがいっぱい道端に置いてあって、何かと思ったら蜂の巣箱でした」

世界のハチミツチョコレートを食べてきた美里さん。ここのチョコは今まで食べたハチミツのチョコレートとは比べ物にならないくらいハチミツの味がした。その理由は？ リュシファーのマネージャー、ヴァラリーさんの言葉がカッコよすぎて忘れられないという。

「私たちのチョコレートのゴールは人と違うことです」

だから、ハチミツについてもとことん追究している。なんと、ハチミツを凝縮し、パウダーにして練りこんであるそうだ。そして、チョコレートを入れる箱もお店で印刷し、さらに並べ方も巣箱の中にいる蜂に見立てて、蜂がちょっとずつ角度を変えて置かれている。細部にわたってのこだわりがすごい。

泉があるウイスキーメーカーのBerryshka

スロベニアには泉がいっぱい湧いている。小さいが水深はある。なんと、お店の前に泉があるのが Berryshka（ベリシュカ）だ。実はベリシュカはウイスキーを造るお酒のメーカー。オーナーのサモさん一家は1991年にユーゴスラビアからスロベニアが独立するときに、すべて失ってしまった。それまではサモさんのお父さんが森からハーブのエキスを抽出する仕事をしていた。その技術を使って、サモさんはウイスキーを造り始める。そのときに参考にしたのが、ニッカウヰスキーを創業した「マッサン」だったという。そして、ケーキ作りをしていた妹さんを呼び寄せ、お酒に合うチョコレートを作り始め、それが人気となった。家族経営のお手本のようなショコラトリー。

「美里さんはスロベニアを知っていたか？ チョコレートのことも紹介してほしいけれど、スロベニアも紹介してほしい。近くのドイツ人ですらスロベニアの正確な位置を知らない」とサモさん。

今日本は空前のミントチョコブーム。ミントチョコをリクエストすると、お店の前にある泉そのままの色のミントチョコが届いた。「ぜひ、森と泉の国に行ってみてください」と美里さん。

サモさんと

森と泉のミントチョコ

お店の前にある泉

ローカルチョコレート

ガン見することから始まりました

オリジナリティを持って伝えるには
どうしたらいいだろう

　絵を描くのが好きだったので、美大に行ってバックパッカーみたいに海外に出かけていました。こんなふうにチョコレートのために世界を旅することになろうとは、私がいちばん驚いている（笑）。前職は花屋さんで、私は転職して食べ物担当に配属になったんです。

　よく、「どうやったらバイヤーになれるんですか？」って聞かれるんですが、私、23年やっている間にこの仕事になっていったんです。もともと、フェリシモはオリジナルの商品を開発して通販する会社。他の仕事は全部、プランナー。だから、今年でおしまいだったら、ここまでやろうとやってきたことの積み重ねなんです。わりと早い時期から、オリジナリティを持って伝えるにはどうしたらいいだろうって、考えていました。絵を描いたり、ブログを書いたり。ブログも吉本の芸人さんを見ながらメモをとったり、「おいしい」じゃない他の表現をしようとチャレンジしました。ある日、チョコレートのことについて自分の持っている海外のチョコの知識を喋っていたら、当時、上司だった方が「海外出張代、予算、確保したから」って、海外にも行くようになりました。

Royさんのチョコレートに出会わなければ
薄っぺらな仕事をしていたかもしれない

　はじめての海外出張は、忘れもしない2005年のシカゴのフードショーでした。すでにチョコレートを日本にいながらガン見していたので、見ただけで国名を言えるく

らいになっていたんです。スポンジが水を吸収するがごとく、バシバシって、今までの知識が裏付けられていきました。

　私にとって、恩人とも言える人との出会いがあります。私にチョコの素晴らしさを教えてくれたのは、パリの16区にある地元マダムに絶大な信頼のRoy（ロワ）さんのチョコレート。ある日、毎回送られてくるロワのチョコレートがものすごく雄弁に語っているのに気がつきました。他の国にはないシンプルな形。ビターな味わいとバラエティの豊富さ。小さくてシックなパッケージ。しかし、お値段は高い。そういえばフランスのチョコってみんなこんな感じだなと思って箱を見たら、「フレンチトラディショナル」と書かれてありました。あ。このチョコ、フランス人やわ。フランスのチョコの特徴がわかるようになって、ベルギーがわかるようになって、スイスがわかり、イギリスのチョコレートはこうって、国ごとに違うスタイルにワクワクしていきました。ロワさんのチョコレートに出会えなければ、私の仕事は今もって薄っぺらなままだったかもしれません。

全国区じゃないものを選ぶことに
シフトチェンジしていきました

　お客さまからのアンケートのFAXを見て、ある日、愕然としたんです。とにかく端から端まで見てくれているというのがわかって、驚きしかなかった。そこで、お客さまと2006年にチョコレートセミナーをやることに。でも、チョコレートセミナーなんて人が来るのかなと思っていたら、1回目からたくさん来てくれました。忘れもしない、10代の女の子が、ボロボロになったカタログ1号目から持ってきてくれて。私のカタログやチラシの向こうに個人がいるんだって気づきました。考えてみれば、ショコラティエも一個人でお客さまも一個人。マスではなくて、一人一人が見えるようになって、バイヤーとしてのスタンスが

見えてきました。私の役目はショコラティエとお客さまをつなぐことなんだって。

　最初はパリとかベルギーに出張してたんですけれど、だんだんチョコレートがブームになって、デパートの催事で有名どころ、歴史のあるところが出店し始め、東京でも大阪でも、手に入るようになりました。同じものを売っていてもだめだと思って、神戸のローカルなケーキ屋さんを思い出して、ローカルにシフトチェンジしていくんですね。全国区じゃないものを選ぶ。自分の役割をそこに見いだそうと思いました。チョコレートにとって日本は気温が高すぎます。一般の人が冷蔵庫無しであつかえるのは、1〜3月なんですね。その時期にしか手に入らないローカルチョコに特化しようと思いました。

ローカルチョコレート

どんなチョコレートを作る人か1分でわかる

起業するショコラティエが増えている

　出張は会社からは一人です。商社さんや現地のアルバイトさんが一緒だったりすることもあります。海外でのチョコレートハイシーズンを外すと、GWのあたりに3週間、年に一回出かけます。

　新しい国に行くときは保険をかけて3つくらい地域を分けています。行ってみたら、特集にならなかったってことを避けるために。今、世界的にショコラティエとして起業する人がめちゃくちゃ増えています。しかも、素晴らしいショコラティエがチョコレート新興国に多いのです。でも特集となると最低10人くらいは必要なので、優秀なショコラティエが数人になるまで待ちます。一回行くともう二度と行かないくらいの覚悟なので、その国のチョコの成長を見誤ったら、せっかく取材に行ったのに、紹介できなくなってしまうんです。

　一日に2〜3軒、今年も40社くらい回りました。うまくいくのは30社くらい。今は先方が事前にネットとかで私のことを見てくれていますから、勝率はずいぶん高くなりました。

　お店に入ったとき、私は違いがわかるんです。この人は何が得意かなというのが、1分以内でわかると思います。端からザーッと見て、傾向とかセンスがわかる。それは得意。カタログを作るとき、誰ともかぶっていないっていうことが一番大事なことなので。「日本人、こういうの好きだろ？　売れるだろ？」っていうのを出してくれるんですけれど、かぶっていないチョコレートを探して、その人が気づいていない「らしさ」を発見することにかけてはプロだと思います。

「かぶらない」ことは重要ではあるんですが、やっぱりエンドユーザーに送らなきゃいけないので、賞味期限とか、原材料とか、破損がないかとかを見極めないと輸入できません。でも、あんまりそれを守りすぎるとつまんないってのはある。ある程度一緒にビジネスライクなお仕事がさせてもらえるなって思ったら、突っ込んでいきます（笑）。逆に本人は出したいんだろうけれど、お店の規模とか、スタッフの人数とか。これ一日何個作れるの？って考えます。やっぱり負担はかけたくないので、諦めることも重要。また、来年って。

コーヒー、クラフトビール、チョコレート

急速にファストファッションが広まったように、味も急速に均一化されています。昔はベルギーに行ったら、ベルギースタイル（型にチョコレートを流しこみ中身を入れていく）しかなかったけれど、若い人はフレンチスタイル（中身を作ってコーティングしていく）が多い。レベル的には上がったと思いますが、ちょっと寂しい面もあります。

世界的に転職組で多いのが、エンジニア、プログラマー。サンディエゴとかポートランドに多いです。奥様がデザイナーで、旦那様がショコラティエの黄金パターンがあって100％成功している。チョコは参入しやすいんです。素晴らしい学校がいっぱいできていて、大きな設備投資もいらない。コーヒー、クラフトビール、次にチョコレートですね。

とくに、"Bean to Bar"の出現によって、カカオ豆を仕入れてタブレットを作るまでの全工程をやる人たちが増えています。お店が街中にないのも増えています。フィラデルフィアの住宅地のなんでここ？どうやって食べているの？って聞いたら、超高級ホテルに卸しているとか、お客さんをつかんで自分は店を持たず郊外のアトリエで仕事をするとか。

若いショコラティエのチョコ表現はSNSこみ

チョコレートを調べるときにはSNSを使いますね。もちろん、まったく使わない人もいるから一概にいいとは言えません。若いショコラティエのチョコ表現はSNSがこみなんです。モノ作りをきちんとしてSNSでアピールする。小さなお店は彼らの分身です。無駄なエネルギーもスペースもいらない。個人のセンスの塊。遠い国のショコラティエの考え方やチョコへの理想まで、SNSでわかってしまう。

インスタ映えするという意味で世界的に主流なのがドーム形のチョコ。まるで地球を宇宙から見たようなエメラルドのきれいなマーブリングとか、アートに近いようなものをインスタにアップするのが、ここ半年くらいのトレンド。ただ、使われる色粉の基準が欧米と日本では違うので輸入がしづらい。これ、日本人が気がついたら、あっという間にすごいものができますね。

移民、移住、
多様性のある文化が
チョコを面白くする

キオスクで見つけた青のチョコレート

　今まででいちばん売れたのは、La Maison du Quernon d'ardoise（ケルノン・ダルドワーズ）の青のチョコレート「ケルノン ダルドワーズ」。これはアンジェというフランスの町のキオスクで発見しました。他の取材の帰りにふら～っとキオスクで買ったものです。小さくて青くて、でも、味がおいしいので販売してみたところ大ブレイク。私たちが思いもよらないチョコがヒットすることもあります。

多様性が根づいている街には
ほんまもんがある

　タスマニアは期待していなかったんですけれど、ベルギーから移住してきた天才がおったですし、アメリカのポートランドもそう。ルーツが多様な、移民が集まっているところで生まれるチョコレートは面白いですね。移住して、それぞれのいいところをミックスしてるって、とっても素敵です。
　世界28か国、いろんな街に行っていますけれど、多様性が根づいている街は、食文化も発達しています。ノルウェー風とかイタリア風とかじゃなくて、イタリア人がいてイタリアンが食べられる、ほんまもんが食べられますよね。そういう街は非常に多様性がうまくいっていて、食文化から始まる国際交流ができる気がします。

旅に欠かせないのはお茶のセットと
ホテルに飾る花一輪

　もともとバックパッカーで紙一枚も余分に持って歩きたくないので、海外出張でしか書き直しちゃいけないと自分で決めている"持ち物メモ"があります。日本で書き直すと、つい余計なものを入れてしまう（笑）。スカーフは何枚、スケッチブック何冊、コートはこれ、シャンプーのミリリットルまで決まっています。ぜーんぶ決まっているから、すぐ用意できる。

　スーツケースの中で場所も決まっています。荷物の中でひときわ大きくてぜったい多すぎるだろっていうのがお茶のセット。お茶が8種類入っていて、煎茶のお茶缶、にしむら珈琲店のドリップ、玄米茶、中国茶など8種類はここ数年変えていません。ホテルの窓辺にズラーッと並べるとホッとしますね。湯沸かしもマスト。

　おすすめなのは、安いスケッチブックを1冊と使い慣れた画材を持っていくこと。毎朝15分だけ、スケッチしています。その場でしか描けない空気感があるんですね。字を書くよりも絵を描くほうが私には早いですし。その景色を忘れません。

　ホテルに着いたらマーケットに出かけて花を一輪だけ買ってきます。買いに行くと喋べらなくちゃいけない。日本語で言ってもたいてい通じるし。疲れて部屋に帰ったとき、何か必要のないものがあると、心に余裕が生まれるんです。

私にとってどのチョコレートも大切な存在

カカオ生産国が作るチョコレートに期待

　ほんとはカカオの生産地がチョコレートまで作れるのがぜったいいいんです。でも、電気が落ちたりするとぜったいダメ。インフラ整備がされていないと、チョコレート作りは難しいですね。アフリカとか中南米などカカオ生産国が作るチョコレートをこれから期待したいですね。

　小さい頃から、お菓子作りにハマったこともまったくないし、バレンタインに手作りチョコを贈ったりしたこともない（笑）。チョコレートはもちろん大好きですけれど、好き・嫌いで選んではいないですね。それを言えるのはお客さまですからね。私の選んだものは、どのチョコレートもみんな大切な存在です。

　今まで、23年もチョコレートに携わってきて、これだけ長いことつづいてきたことが奇跡みたいなものです。パリのRoyさん（130ページ）のあのチョコレートが私にとってのマイルストーン。いかにも典型的な、あのフレンチチョコに出会わなければ、今までつづかなかったかもしれません。

出張の最終日には記念写真を撮ります

　最終日には出会ったチョコレートをベッドの上に全部並べて記念写真を撮ります。全部は持ち帰れないから、この時点で輸入には至らなかったチョコレートはホテルの女の子にあげてきます。選抜ですからね、しゃあないですね。私は「幸福のチョコレート」の秋元康さんだと思っていますから（笑）。一つ一つの思い出に、せめて写真を残します。

　もし、現地に行かれることがあったなら、そこでしか食べられないケーキ、持って帰ってこられないものをぜひ食べてきてください。景色や空気や話し声も含めて、きっと素晴らしくおいしいと思いますよ。

※「幸福のチョコレート」に紹介されているすべてのチョコレートに「LOVE & THANKS」基金が付いています。商品価格の約1%はカカオ農園の生活支援や児童労働撤廃のために使われています。

❶ 子供の頃の夢は何?

絵を描くのが好きでした。日々一生懸命で、遠くのことよりも明日のことを考えていた気がします。

❷ 今の仕事を知ったのはいつ? なぜ惹かれたの?

転職してきて配属になって知りました。チョコレートバイヤーも世の中にはなかったんだろうけれど、ずっとやっているうちにできた職業。いろんな偶然が重なったんだと思います。

❸ 駆け出しの頃に役に立ったアドバイスは何? あるいはその頃の自分に言ってあげたいことは?

チョコレートが来ないと思っていたら、お店がなくなって更地になっていたり。膝から崩れ落ちることはたくさんあります(笑)。怒られてばっかりで仕事にプライドも持っていなかった頃、カタログをずっと撮ってくれているカメラマンさんが、「木野内さん、この仕事ええで」って褒めてくれた。それは励みになりました。

❹ 自分の性格でいちばん自慢できるところは?

飽きないこと。飽きるということを知らないですね。目の前のことが楽しい。オタク気質です。

❺ キャリアや仕事のために払った最大の犠牲は?

何もないです。でも落ち込んでいた頃の時間はもったいなかったなぁ。

❻ 夜眠れなくなるような不安や悩みはある?

ごまんとあります。どうしようもないトラブルはすべて勉強でした。23年これだけやっていると、たいていのトラブルは前例があるので、落ち着いて対処できるようになりました。歳を重ねるごとに気持ち的にはラクになって、チャレンジもしやすくなる。

❼ 仕事をする上で大切にしていることは何?

自分の仕事やと思うことですね。すべて自分の責任って思えたときに仕事は楽しくなる。それがいちばんモチベーションを保てる。

❽ リフレッシュはどうやってする?

臨床美術士の資格を持っているので、土日に人と絵を描くことでリフレッシュします。月曜日にとても楽しみな気持ちで会社に来られる。

❾ 世の中にもっとあってほしいモノは? 減ってほしいモノは?

あってほしいモノは、「それぞれバラバラで違っていてほしい」。時代が後押ししてくれて、違っていても良い社会なので。減ってほしいモノは、人が落ち込んだり、悲しむ時間。チョコレートで癒やしてくれたらええなぁ。

❿ 明日、やりたいことは何?

仕事。

木野内美里 *Misato Kinouchi*

フェリシモのフードバイヤー。2019年7月までに484ブランド約2,400種類のチョコレートを輸入販売し、日本に初上陸させたチョコレートは244ブランド以上。著書に『世界の果てまでチョコレート』(フェリシモ出版)。各地でチョコセミナーを開催。チョコレートバイヤー "みり" としてSNSで発信している。

イラストレーション:木野内美里　　photo:広川智基　木野内美里　　text:松山加珠子

ローカルチョコレート

REFERENCE LIST　世界はもっと！ほしいモノにあふれてる 関連SNS・サイト

大原真樹さんと行く魅惑のモロッコ雑貨の旅

33 Rue Majorelle
https://www.instagram.com/33ruemajorelle/

Lup31 / Ludovic Petit
http://www.lup31.com

Beldi Country Club
https://www.instagram.com/beldicountryclub/?hl=jp

Les Jardins de Skoura
http://www.lesjardinsdeskoura.com/

Talaa12
https://talaa12.com

Riad Due
http://www.riaddue.com/

Dar Seven
https://www.darseven.com/

ファティマ モロッコ
https://www.fatimamorocco.com

大原真樹さんインスタグラム
https://www.instagram.com/makiohara/

参考:
https://www.mofa.go.jp/mofaj/area/morocco/index.html
http://www.morocco-emba.jp/index.html

大島忠智さんと行く北欧ビンテージ家具を探す旅

Lunds Domkyrka
https://www.instagram.com/lundsdomkyrka/

Blekinge Museum
http://www.blekingemuseum.se/subsites/1

IDÉE
https://www.idee.co.jp

大島忠智さんインスタグラム
https://www.instagram.com/oshima_tadatomo/

参考:
https://www.mofa.go.jp/mofaj/area/sweden/index.html
http://letsgo-sweden.com

佐藤香菜さんと行く本物のキレイを探す旅
ニュージーランド・パリ・リトアニア・エストニア

Tonic Room
https://www.tonicroom.co.nz

Little & Friday
https://www.instagram.com/littleandfriday/

Kowtow
https://nz.kowtowclothing.com

LilyBee Wrap
https://www.lilybeewrap.com

Clevedon Village Farmers Market
https://www.clevedonfarmersmarket.co.nz

Forage & Ferment
http://www.forageandferment.co.nz

Running Brook Seed / Kirian Farms
http://www.kirianfarms.co.nz

Cali Woods
https://caliwoods.co.nz

B Organics
https://beorganics.cl

Treetops Lodge & Estate
https://www.treetops.co.nz

Evolu
https://evolu.com

Biople by CosmeKitchen
https://www.biople.jp

佐藤香菜さんインスタグラム
https://www.instagram.com/kana_sato622/

参考:
https://www.mofa.go.jp/mofaj/area/nz/index.html
https://www.newzealand.com/jp/
https://ja.parisinfo.com

桑折敦子さんと行くメキシコ未知のスープの旅

Fonda Margarita
https://www.facebook.com/fondamargarita/

Fonda De Sta Clara
https://fondadesantaclara.com

Quintonil
https://quintonil.com

Restaurante Tlamanalli
https://www.oaxacamaxico.com/restaurantes/tlamanalli/

Caldo de Piedra
https://www.caldodepiedra.com.mx

株式会社スープストックトーキョー
https://www.soup-stock-tokyo.com

株式会社スマイルズ
https://www.smiles.co.jp

参考:
https://www.mofa.go.jp/mofaj/area/mexico/index.html
https://www.visitmexico.com/ja/

木野内美里さんと行く日本未上陸、ローカルチョコレートの旅 メルボルン・タスマニア・北欧・スロベニア

Bibelot
https://www.instagram.com/bibelotsouthmelbourne/

La Belle Miette
https://www.instagram.com/labellemiette_/

Ganache Chocolate
https://www.instagram.com/ganachechoc/

Xocolatl Chocolates & Cafe
https://www.instagram.com/xocolatlcafe/

Manúko
https://www.instagram.com/manukolovinglife/

Ratio Cocoa
https://www.instagram.com/ratiococoa/

Monsieur Truffe
https://www.instagram.com/monsieurtruffe/

Atypic
https://www.instagram.com/atypicchocolate/

The Ministry of Chocolate
https://www.ministryofchocolate.com.au

Coal River Farm
https://www.coalriverfarm.com.au

Annan Suklaatehdas
https://www.facebook.com/annansuklaatehdas/

Chjoko
https://www.instagram.com/chjoko/

Österlenchoklad
https://www.instagram.com/osterlenchoklad/

Sylvain Marron
https://sylvainmarron.se

Ejes Choklad
https://ejeschoklad.se/

Lucifer Chocolate
https://www.instagram.com/luciferchocolate/

Berryshka
https://www.instagram.com/berryshka/

Roy
https://www.roy-chocolatier.com

La Maison du Quernon
https://www.instagram.com/lamaisonduquernon/

株式会社フェリシモ「幸福のチョコレート」
https://www.felissimo.co.jp/choco/

木野内美里さんインスタグラム
https://www.instagram.com/buyer_miri/

参考:
https://www.mofa.go.jp/mofaj/area/australia/index.html
https://www.australia.com/ja-jp
https://www.visitfinland.com/ja/
https://www.mofa.go.jp/mofaj/area/slovenia/index.html
https://www.arukikata.co.jp
「幸福のチョコレート 2018」
「幸福のチョコレート 2019」
「幸福のチョコレート 2020」

世界はほしいモノにあふれてる

番組公式サイト
https://www4.nhk.or.jp/sekahoshi/

PROGRAM LIST　世界はほしいモノにあふれてる 放送リスト

2018.04.12	チョコっとご褒美スイーツ　ドイツ＆ポルトガル
2018.04.19	女性が心躍らせる服　ニューヨーク
2018.04.26	極上！オーガニックコスメ　パリ＆リトアニア＆エストニア
2018.05.10	北欧ビンテージ家具　スウェーデン
2018.05.17	心ときめくキッチングッズ　ドイツ＆イタリア
2018.05.24	一番新しいハワイ　グルメ＆スイーツ＆ファッション
2018.05.31	そこにしかない郷土菓子　イギリス
2018.06.07	カラフル！名もなき幻のバラ　ロンドン＆ケニア
2018.06.21	極上のイタリアグルメを巡る旅
2018.07.05	マルタで素敵を探す旅　アクセサリー＆レース
2018.07.12	旅から生まれるスープ　ポルトガル
2018.07.19	イタリア縦断！カッコかわいい文房具
2018.07.26	激うま＆激レア！極上オーガニックチョコ　オーストラリア
2018.08.30	お気に入りをGET！北欧食器　フィンランド
2018.09.13	幸せ！ベーカリー巡り　北欧デンマーク
2018.09.17	三浦春馬とJUJUが旅に出る！70分拡大夏SP
2018.09.20	パリで幻のビーズを探す旅
2018.09.27	エレガント！運命の靴を探す旅　ミラノ＆パリ
2018.10.04	秋SP！旅から生まれる極上スイーツ　フランス＆イタリア
2018.10.11	美食の国で“極上の肉”を探す旅　フランス
2018.10.18	NY発！カラフル＆ポップな雑貨を探す旅　アメリカ
2018.10.25	極上の美食ベトナミーズを探す旅
2018.11.01	日本未上陸！かわいい！ベビーグッズ　フランス
2018.11.08	レトロかわいい！ビンテージ絵本を探す旅　チェコ
2018.11.15	癒やしの一枚！テキスタイルを探す旅　メキシコ
2018.11.22	最新！極上のグルメバーガーを探す旅　ロサンゼルス
2018.11.29	フランス！遊び心あふれるインテリア雑貨
2018.12.06	究極の美味を探す旅　スペイン・バスク地方
2018.12.13	春夏コーデはハイファッションで攻める　ソウル
2018.12.27	冬SP 魅惑のモロッコ雑貨！
2019.01.10	ニュージーランドで“本物のキレイ”を探す旅
2019.01.17	大人かわいいスニーカーを探す旅　ロサンゼルス
2019.01.24	心ときめく極上ビールを探す旅　ベルギー
2019.02.07	カラフル！五感で楽しむオーガニックフード　タイ
2019.02.14	バレンタインSP 世界一周チョコの旅
2019.02.28	世界が注目！極上のメキシコグルメを探す旅
2019.03.07	世界に一つだけの宝石を探す旅　タイ

… to be continued.

STAFF LIST

<TVスタッフ>

MC　三浦春馬　JUJU

ナレーター　神尾晋一郎（81プロデュース）

制作統括　豊田研吾　宇野央康　百崎雅子　柳迫 有

プロデューサー　矢部裕一　城 秀樹　大福由喜

ディレクター　中井大紀（冬SP 魅惑のモロッコ雑貨！）
鈴木洋介（北欧ビンテージ家具 スウェーデン）
長谷川あや（ニュージーランドで "本物のキレイ" を探す旅）
井川陽子（極上！オーガニックコスメ　パリ&リトアニア&エストニア）
赤坂恵美子（世界が注目！極上のメキシコグルメを探す旅）
河野泉洋（激うま&激レア！極上オーガニックチョコ オーストラリア）

制作スタッフ　高橋美咲　高野文子　岡本絵理　伊与田 要

制作協力　株式会社 ぷろぺら
株式会社 アックス
株式会社 クレイジー・ティブィ

制作・著作　NHK

おわりに

世界をめぐり、そこにしかない素敵なモノを探す旅……。

こんなナレーションから始まるNHKでは珍しい、キラキラした番組
「世界はほしいモノにあふれてる」。

番組に携わるようになってから、私をはじめスタッフ一同、
東京・渋谷の放送センターにいながら、たくさんの旅気分を味わってきました。
フランスで極上のチーズを堪能したり、
イタリアで普段は履かないヒールの美しさにノックアウトされたり。
NYで出会ったポップでカラフルな雑貨でガーリーな気分になり、
タイでは宝石ディーラーとの駆け引きにドキドキしたり。
チェコでは地ビールで夢心地になり、
ベルギーでは夢のような暮らしぶりにため息。
これまでにかれこれ、何カ国旅してきたでしょうか?

旅に誘ってくださるのはその道の一流バイヤーの方々です。
いつもの暮らしを"ちょっと"豊かにする、衣・食・住のアイテムを買いつける
バイヤーの肩越しに、番組では様々な国の文化や風土を紹介してきました。
ステキなモノたちが世界各地でどんな風に、誰の手によって、
どんな想いをのせて生み出されるのか? モノの作り手だけでなく、
バイヤーの方々の哲学や生き方も併せて
お伝えできたのではないかと思っています。

今回、この本でご紹介したのは5人のバイヤーの方々の買いつけ旅の様子です。
文章と写真で振り返ると、番組とはまた一味違う旅を
味わっていただけたのではないでしょうか。

世界は広い! ステキなモノを探す旅は、まだまだ続いていきます。
これからも「世界はほしいモノにあふれてる」を通して、
スペシャルな旅の気分をお伝えできたら本当にうれしいです!

最後に、いつも温かいコメントで番組を盛り上げてくださる
MCの三浦春馬さん、JUJUさんのお二人、
そして、この本を手に取ってくださった皆様に心から感謝いたします。

NHK 制作局 第2制作ユニット
「世界はほしいモノにあふれてる」
チーフ・プロデューサー

柳迫 有

世界はもっと!ほしいモノにあふれてる
～バイヤーが教える極上の旅～

監修・協力　NHK「世界はほしいモノにあふれてる」制作班

企画・編集　松山加珠子

装丁・デザイン　冨永浩一（ROBOT）

撮影　広川智基（帯＝三浦春馬　JUJU ／ バイヤー＝大島忠智　佐藤香菜　桑折敦子　木野内美里）

取材・文　大城讓司　村井砂織　松山加珠子

校正　バイステップ

2020年4月1日　初版発行
2020年9月30日　9刷発行

発行者　青柳昌行

編集　小川純子（文化・スポーツ出版部）

営業企画局　大木絢加

生産管理局　小野慧子

発行　株式会社KADOKAWA
〒102-8177 東京都千代田区富士見 2-13-3
電話 0570-002-301（ナビダイヤル）

印刷・製本　大日本印刷株式会社

●お問い合わせ
https://www.kadokawa.co.jp/
（「商品お問い合わせ」へお進みください）
※内容によっては、お答えできない場合があります。
※サポートは日本国内のみとさせていただきます。
※Japanese text only